»EIN KLEINER DICKER
BERLINER, DER MIT DER
SCHREIBMASCHINE
EINE KATASTROPHE
AUFHALTEN WOLLTE.«

ERICH KÄSTNER

KURT TUCHOLSKY ·

PETER PAN · THEOBALD TIGER
IGNAZ WROBEL · KASPAR HAUSER

TUCHOLSKY TO GO

WORTE GEGEN DAS INFAME VON KURT TUCHOLSKY

AUSWAHL UND
ZUSAMMENSTELLUNG:
FRANZISKA KLEINER

neues leben

In einer Glosse, die am 1.1.1928 in der »Vossischen Zeitung« erschien, gab Tucholsky Auskunft über das, was er »liebt« und »hasst«. Für Auswahl und Anordnung der Zitate ließen wir uns von seiner Rubrizierung inspirieren.

K.T. HASST:
DAS MILITÄR

Jede **GLORIFIZIERUNG** eines Menschen, der im Kriege getötet worden ist, bedeutet **DREI TOTE IM NÄCHSTEN KRIEG**.

•

NICHT DER allein mordet, der die Handgranate wirft. **AUCH DER**, der die Atmosphäre schafft, in der so etwas möglich ist.

•

GENERÄLE können keinen Krieg führen, wenn sie keine **SOLDATEN** haben.

•

Der Krieg ist eine üble Angelegenheit, und es wird nicht leicht fallen, dem Soldaten klar zu machen, **MORD SEI ERLAUBT, JA PFLICHT**, und das viel geringere Delikt des **DIEBSTAHLS SEI VERBRECHEN**.

•

Da gab es vier Jahre lang ganze Quadratmeilen Landes, auf denen war der Mord obligatorisch, während er eine halbe Stunde davon entfernt ebenso streng verboten war. Sagte ich: Mord? Natürlich Mord. **SOLDATEN SIND MÖRDER.**

•

Wer **BEIM PREUSSISCHEN MILITÄR** war, weiß, dass der Mann die Stelle macht, nicht umgekehrt. Muss ein Offizier untergebracht werden, dann wird eben eine Stelle für ihn geschaffen – das tatsächlich vorhandene Bedürfnis ist dabei **NICHT MASSGEBEND**.

•

Dieses Gemisch aus Streberei, Ordensschiebung, Urlaubs-verweigerung, Huren, Saufen und Fressen, **DIESER EKLE BREI VON MONOKELLEUTNANTS DER TRÜBSTEN ETAPPE** – diese Suppe aus Roheit, Mannschaftsfresserei und Dünkel – das war **DIE ALTE KAISERLICHE DEUT-SCHE ARMEE.**

•

Niemand ist feiger als **DER DEUTSCHE MILITARIST** von heute.

•

DER DEUTSCHE OFFIZIER – und er besonders, weil er ja an den maßgebendsten Plätzen saß – **STAHL OHNE BEDENKEN**, allerdings fast nur im großen Stil. Es fing mit **»ERINNERUNGEN«** an (manche Offiziersfrauen tragen diese Souvenirs noch heute), und es hörte mit **WAGGON-LADUNGEN** auf.

•

Seit die Weltgeschichte steht, haben noch immer Generale ihren **WAFFENSTILLSTAND** unterzeichnet und nicht Zivi-listen vorgeschickt, die das ausfressen durften, was jene ihnen eingebrockt hatten. **DIE KAPITULATION IST SACHE DES FELDHERRN.** Dazu war Herr Hindenburg zu feige.

•

ES WIRD DIE ZEIT KOMMEN, wo man pathoslos und sachlich einsehen wird, dass es klüger und ökonomischer ist, **KEINE KRIEGE ZU FÜHREN**.

•

Wer im Kriege gefallen ist, ist **FÜR EINEN DRECK** gefallen.

•

Es ist unsre Menschenpflicht, gegen die allgemeine Wehrpflicht nicht mit dem ärztlichen Attest und den Beziehungen anzu-gehen, sondern sie zu verweigern, sie **BEDINGUNGSLOS ZU VERWEIGERN** – auch dann, wenn sie Gesetz wird.

•

Die Stellung des deutschen Offiziers zum Mann war etwa die eines Dresseurs **ZU EINEM VERPRÜGELTEN HUND**.

•

Und hier steckt die ungeheure **MORALISCHE GEFAHR** des deutschen Militarismus. Er und nur er, er allein erkennt Ausnahmezustände **ÜBER DEM RECHTE** an. Er und nur er hat den Begriff der **»MILITÄRISCHEN NOTWENDIG-KEITEN«** geschaffen. Was aber ist das für ein Rechtszustand, der jederzeit von jedem Leutnant durchbrochen werden kann!

•

Diese Militärmacht **STÖSST MÖRDER AUS IHREN REIHEN NICHT AUS.** Es darf also ausgesprochen werden: In der deutschen Militärmacht dienen Mörder.

•

Der **STOLZ AUF DES KÖNIGS ROCK**! Gewiss: auf den Rock. Oder **WERDEN ETWA DIE RÖCKE ANGESPUCKT**, getreten, geschlagen? Der gemeine Mann, der Kerl wird es. Wie gesagt: Stolz. Und Bewunderung. Denn er umhüllt gleichmäßig Gerechte und Unteroffiziere.

•

Der **SOLDAT** braucht **KRIEG**, damit er **GERECHTFERTIGT** ist.

•

Als mich im Jahre 1918 ein Unterrichtsoffizier befragte, was man denn **GEGEN DIE GERÜCHTE** über das gute Leben der Offiziere unternehmen könnte, durfte ich ihm die rechte Antwort nicht geben. Heute kann ich es. Ihr hättet eben anständiger leben sollen – **DANN WÄREN DIE GERÜCHTE UNTERBLIEBEN**.

•

HUNDERTTAUSENDE sind in Ackergräben verdreckt und verreckt und viele Knaben bluteten vor Ypern, weil **EINEM GENERAL** auf der fettgepolsterten Brust **NOCH EIN ORDEN** fehlen mochte.

•

IST UNS DAMIT GEHOLFEN, dass die Schulbuben im Jahre 2000 bestenfalls – was ich aber nicht glaube – lernen werden, die Militärs hätten **DEUTSCHLAND INS UNGLÜCK** gestürzt und es darin ein **SCHLAMM- UND BLUTBAD** nehmen lassen?

•

IM KRIEGE habe ich einmal diesen Satz gehört: »Die Bohnensuppe ist das Klavier des kleinen Mannes.«

•

Wir erkennen keine »Herren« an – und wir wollen nichts von den »Kerls« wissen. Wir wollen andere Typen. Was wir wünschen, ist, dass sich **AUS DEN BEIDEN UNMÖGLICHEN ARTEN EINE NEUE ENTWICKELT.** Wir haben genug und übergenug von dem Herrn und auch von dem Kerl. Wir erhoffen den Mann.

•

Es muss **IN DIE KÖPFE HINEIN**, dass Militarismus auch noch **ANDERSWO** als auf dem Kasernenhof existiert, und dieser andere ist der gefährlichere.

•

Ich will nicht, **DASS MEINE KINDER EINMAL AUF EINEM KASERNENHOF STEHEN** und von einem uniformierten Großknecht angebrüllt werden, indes ein gleichfalls uniformierter Gutsinspektor mit viereckigen, aber polierten Fingern lässig, in der Geste des geborenen Herrn, eine Front von Verprügelten abschreitet.

•

Millionen und Millionen haben **IHR LETZTES** hingegeben – Geld und Gold und Sparpfennige. Und: **DAS LEBEN**.

•

Militarismus ist eine **GEISTESVERFASSUNG**, es ist der **GLAUBE AN DIE GEWALT**, an die – und vor allem an die Kasteneinteilung der Menschheit. Seine Zeit ist **VORBEI**.

•

ABER HIER WAREN LEUTE, DIE EINEN SOMMER UND EINEN WINTER LANG AN DEN EIGENEN LEIBERN ER- FAHREN HATTEN, **WAS DAS HEIßT: TÖTEN**, UND WAS DAS HEIßT: HUNGERN. UND DA VERSCHWAND DER ›TIEF EINGEWURZELTE HASS‹, UND MAN Aß GEMEINSAM KARTOFFELN ... **DIESELBEN KARTOFFELN; DIESELBEN KAPITALISTEN. ABER AN- DERE RÖCKE**. DAS IST DER KRIEG.

K. T. HASST:
DIE VEREINSMEIEREI

Die Sache ist so: **DIE WELT WAR IN UNORDNUNG**, und Mohamed und die Propheten machten sich daran, sie aufzuräumen. Allein konnten sie es nicht. Steil und glühend lohte ein Fanal zum Himmel, leuchtete, züngelte und erlosch. **GEBLENDET BLIEB DIE MENSCHHEIT ZURÜCK** und gründete zur Erinnerung an den großen Mann einen **VEREIN**. Der Verein **VERWALTETE** den Nachlass, **FÄLSCHTE** die Absichten des Verblichenen ein wenig für den Alltagsgebrauch um **UND ARBEITETE UNTER DER ALTEN FIRMA WEITER**. Soweit Kirche, Partei und Schopenhauer-Gesellschaft.

·

Die zahllosen **VATERLÄNDISCHEN VERBÄNDE**, die sich nach dem Kriege unter dem Protektorat von staatsrettenden Sozialisten und Demokraten bildeten, hatten zunächst keine rechten Ziele, kaum Ansätze zu einem Programm – sie waren **AUS EINER MISCHUNG VON WUT, VEREINSMEIEREI UND JENER VERBLASENEN IDEOLOGIE** zusammengekommen, die sich in das abstrakte Land der Gruppenbeschlüsse flüchtet, weil das Individuum allein mit dem Leben nicht fertig wird.

·

Der Verein ist die **TRAUMWELT** der Erwachsenen, Märchenland ist er, Wunscherfüllung und **PARADIES**. Im Verein, ja, **DA IST DER MANN NOCH WAS WERT …**

·

Die deutsche Nation ist eine **NATION DER VEREINE** – es gibt wahrscheinlich in keinem Lande der Welt so viel Vereine wie bei uns. Und jeder dieser Vereine hat seinen »Stolz« und seine Fahne; seine Vorsitzenden und seine Sekretäre; seine Vereinsabzeichen und seine besondere Vereinssprache. Das verführt dazu, dass **JEDER VEREIN GLAUBT, ER SEI GANZ ALLEIN AUF DER WELT.**

•

Wie rasch altern doch die Leute in der SPD! Wenn sie dreißig sind, sind sie vierzig; wenn sie vierzig sind, sind sie fünfzig, **UND IM HANDUMDREHN IST DER REALPOLITIKER FERTIG.**

•

»In unsrer Zeit …«, sagen die Leute, und sind sehr stolz darauf. Das klingt oft wie: »Bei uns in Tuntenhausen …« Es gibt **KLEIN-STÄDTER**, und es gibt **KLEINZEITLER.**

•

Dies ist ein Volk, das **NOCH NICHT EINMAL LIBERAL** ist … Sie halten mild-übertünchte Korruption für **PARLA-MENTARISMUS**, wirres Geschwätz aller für **SELBSTBE-STIMMUNGSRECHT**, Ressortstank für **POLITIK**, Vereins-meierei für **DEMOKRATIE** …

•

Es geht **NIRGENDS** merkwürdiger zu als auf der **WELT.**

•

Es ist falsch, wenn behauptet wird, der Deutsche **BELÜGE ANDRE LEUTE** über amtliche Vorgänge: er **BELÜGT SICH SELBST.**

•

Werden wir ewig Vaterlandsliebe mit Patriotismus, Ordnung mit Kadavergehorsam, Pünktlichkeit mit Sklaverei, **JEDES DING MIT SEINER KARIKATUR ÜBERZAHLEN** müssen? Gibt es zwischen Schludrigkeit und dem berüchtigten preu-ßischen Unteroffizier kein Mittelding?

•

Berlin hat gewiss seine **NACHTEILE**, seine schweren Nachteile – aber in politischer Beziehung ist es **EIN PARADIES** gegen die kleinen deutschen Mittelstädte, in denen keine große Industrie liegt. **DA SCHLÄGT DIE UHR NOCH 1890** – und will nicht vorwärtsgehen.

•

Es gibt eine Stammtisch-Wissenschaft, die gilt nur von abends um halb neun bis um drei Viertel zwölf. Am Tage haben die Leute alles vergessen: Daten, Namen, Büchertitel und den Rest. Aber eines ist ihnen geblieben: **DAS BEWUSSTSEIN, DASS DIE JUDEN SCHULD SIND.**

•

Liebe Ehefrauen! **WENN IHR WÜSSTET**, welchen Kohl eure Männer in den Versammlungen zu bauen pflegen, in die sie mit so sorgenschwerer Miene zu eilen pflegen, dass ihr denkt: »Ich will ihm lieber doch nicht abreden, **ES SCHEINT ETWAS WICHTIGES ZU SEIN**« – wenn ihr wüsstet, mit welchen Nichtigkeiten und Kleinlichkeiten da die Zeit vertrödelt wird: ihr würdet noch viel böser darüber sein, dass euer Anton abends nicht zu Hause bleibt.

•

Heute gehört es zum guten Ton, **VOR DEM GROSSKAPITAL AUF DEM BAUCH ZU LIEGEN**, aber nicht etwa, weil man müsste, sondern weil Sie und Tausende masochistisch die bloße Macht überschätzen.

•

ÜBER SCHRIFTSTELLER: Die Alten sind müde. Die Jungen haben wichtigere Sorgen: sie müssen sich bespeien wegen eines falsch gesetzten Adjektivs und einer nicht korrekt adhibierten Weltanschauung; oder sie haben Vereine gegründet, **LOBESVERSICHERUNGSGESELLSCHAFTEN** A.G. (auf Gegenseitigkeit), die darüber wachen, dass einer den andern und der andere den einen fördert, druckt und belobt.

•

Was ein **RICHTIGER VEREIN** von 1930 ist, der etwas auf sich hält: der hat – in Klammern – eine Opposition.

•

Die **TITELSUCHT** ist heute in Deutschland genau so groß und so gefährlich, wie sie es im Mittelalter gewesen ist. Der Titel erstickt jeden Widerspruch und **ERSPART DEM TITEL-TRÄGER JEDE TÜCHTIGKEIT**. Er steckt sich hinter den Titel, und das Übrige besorgt dann schon die Dummheit derer, die den Titel anstaunen und ihn **UM DES TITELS WILLEN**, den sie nicht haben, aber gern hätten, beneiden.

•

Es gibt ganze **STAMMTISCHE**, die davon leben, festzustellen, dass man heute nicht mehr leben kann.

•

Amt! du **ZAUBERWORT UNTER DEN DEUTSCHEN**! Du bist der Inbegriff, bist das Ding an sich, das Tabu, du beherrschest die Kausalgesetze, und es ist kein Gott außer dir.

•

Der **DEUTSCHE STAMMTISCH** schilt jeden, der ausspricht, was ist, einen Landesverräter und will jede Kritik … unterbinden. Das ist eine **POLITIK DES BIERSEIDELS**.

•

Neben manch anderem sondern die Menschen auch Gesprochenes ab. Man muss das **GAR NICHT SO WICHTIG** nehmen.

•

UNTERSCHÄTZE nie die Macht dummer Leute, die **EINER MEINUNG** sind.

•

Wenn dem Deutschen **SO RECHT WOHL UMS HERZ** ist, dann singt er nicht. Dann spielt er **SKAT**.

•

Nie geraten die Deutschen **SO AUSSER SICH**, wie wenn sie **ZU SICH KOMMEN** wollen.

•

IN SPANIEN GRÜN-
DETEN SIE EIN-
MAL EINEN **TIER-
SCHUTZVEREIN,**
DER BRAUCHTE
NÖTIG GELD. DA
VERANSTALTETE
ER FÜR SEINE
KASSEN EINEN
**GROßEN STIER-
KAMPF.**

K. T. HASST:
ROSENKOHL

EINE WAND ist die Mutter des Astlochs.

•

Der Papst hat in einer Rundfunkrede als Grundübel der Gegenwart drei Dinge genannt: den **STOLZ, DIE GELDGIER UND DIE FLEISCHESLUST.** Wie wir hören, haben die Reichswehroffiziere, die auf deutschen Gütern angestellten polnischen Arbeiter und der Reichsverband Deutscher Fleischermeister dagegen protestiert.

•

Der Mensch gönnt seiner Gattung nichts, **DAHER HAT ER DIE GESETZE ERFUNDEN.** Er darf nicht, also sollen die anderen auch nicht.

•

Der **GUTE SCHÜLER** ist in Deutschland stets der gehorsame Schüler und meistens **EIN DUCKMÄUSER.** (Also ist der gute Lehrer ein fauler Lehrer. Denn es ist ein Zeichen von Bequemlichkeit, verprügelte Kinder als Ideal aufzustellen.)

•

Die einen haben nichts zu essen und machen sich darüber Gedanken, das kann zur Erkenntnis ihrer Lage führen: **UND DAS IST DANN MARXISMUS**; die andern haben zu essen und machen sich keine Gedanken darüber: **UND DAS IST DANN DIE OFFIZIELLE RELIGION.** So verschieden ist es im menschlichen Leben!

•

Nichts versinnbildlicht so **DIE KAPITALISTISCHE GESELL-SCHAFTSORDNUNG** wie einer dieser großen Ozeanriesen: unten schuftet bei Höllenglut der Trimmer am Kessel, unten liegen zusammengepfercht in schlechter Luft, bei Unglücks-fällen am schnellsten von den Rettungswegen abgesperrt, die Leute vom Zwischendeck – und oben runzelt einer unzu-frieden die Stirn, weil eine Granatfrucht nicht so geeist ist, wie er das wohl erwarten darf: **DER QUERSCHNITT DURCH SO EIN SCHIFF IST RECHT LEHRREICH.**

•

Kunst, Niveau, Anständigkeit, Gesinnung – **ES IST NICHT LEICHT**: Dass es aber mit Geld allein nicht zu machen ist, darauf kann man sich verlassen.

•

Die Göttin der Gerechtigkeit hat eine Binde vor den Augen. Ist sie blind? Sie tut wenigstens so. Und wir wissen alle, **WIE TÄPPISCH SIE OFT ZUSCHLÄGT**, wie sie oft daneben trifft und wie wenig sie in der Tat sieht (auch wenn manchmal die Binde ein bisschen verrutscht).

•

AMÜSEMENTS sehen immer wie die Geschäfte aus, von denen man sich bei ihnen erholt.

•

Und wenn ihr **MIT GOLDENEN ZUNGEN** redet und hättet der Liebe nicht …! »Geld allein macht nicht glücklich, man muss es auch haben!« sagt ein altes Wort. Nein, man muss auch eine Welt haben, in der man **OHNE SCHAM GLÜCK-LICH SEIN** kann.

•

Die **FAMILIE** weiß alles, missbilligt es aber grundsätzlich. Andere wilde Indianerstämme leben entweder auf den **KRIEGS-FÜßEN** oder rauchen eine **FRIEDENSZIGARRE**: die Familie kann gleichzeitig beides.

•

WENN MAN NACH FÜNFTÄGIGER BEKANNTSCHAFT ZU EINEM MENSCHEN SAGT: »SIE HABEN ETWA DEN UND DEN **CHARAKTER** – ALSO WERDEN SIE WOHL DAS UND DAS **SCHICKSAL** HABEN«: DAS GLAUBT ER NICHT. WENN MAN IHM ABER DASSELBE AUS DER HAND WEISSAGT: **DAS GLAUBT ER**.

New York? Aber sie wissen ja nicht einmal von Hessen-Darmstadt sehr viel. Und pfeifen auf den guten Europäer **UND SIND SICH SELBST GENUG.** Jedermann sein eigner Globus.

•

Die **KATZE** ist das einzige vierbeinige Tier, das den Menschen **EINGEREDET** hat, er müsse es erhalten, es brauche aber nichts dafür zu tun.

•

Komische **JUNGE** sind viel seltener als komische **ALTE.**

•

Denn jedes **PRIVILEG** ist in erster Linie eine **ERNIEDRIGUNG DER ANDEREN.**

•

Die Dame, die sich eine Rose auf den Arm malt (wenn sich das etwa einbürgern sollte – was könnte man sich da nicht alles bemalen!), die Frau, die sich zur Abwechslung einmal den Rücken dekolletiert – sie alle sind Beispiele für **DIE LANGE-WEILE DER SATTEN.** Und die Hungrigen schreien … Wer keine Sorgen hat, der macht sich welche. Die Plutokratie aller Länder ist sich in einem ganz und gar einig: **IN DEN SORGEN IHRER SORGLOSIGKEIT.**

•

In Amerika hat **JEDER FÜR JEDEN ZEIT**, solange der sich kurz fasst.

•

Mit dem Tode **IST ALLES AUS.** Auch der Tod?

•

Es muss doch etwas geben, das allen Menschen gemeinsam ist. **DAS GIBTS AUCH.** Der wildeste Nazi, der fanatischste Pole, der gläubigste Katholik, der wütendste Franzosenhasser, drei Dinge können sie unbedenklich benutzen: Logarithmentafeln, Klosettpapier und den Rundfunk.

•

Schläft die Republik? **DIE REPUBLIK SCHNARCHT.**

•

Das Reichskartell des nationalen Mittelstandes hat einen Lichtstreik proklamiert. Das Einatmen von Leuchtgas zur Lösung der Arbeitslosenfrage **IST AUSDRÜCKLICH AUSGENOMMEN**. Armut ist ein großer Glanz von innen.

•

Nur der kann **FÜR VOLL GENOMMEN WERDEN**, der sich zwar aus Utilitarismus oder Überzeugung seiner Gruppe anschließt, aber doch genau weiß: man kann es auch anders machen, denn anderswo wird es anders gemacht.

•

HÖFLICH wie ein Engländer zu Hause. **UNHÖFLICH** wie ein Engländer auf Reisen.

•

Manchmal fahren zwei Eisenbahnzüge nebeneinander her, **IN DERSELBEN RICHTUNG**. Die Insassen des schnellen Zuges machen dann fröhliche Gesichter, sehen genau forschend hinüber, ein ganz klein wenig mitleidig. Die des **LANGSAMEN ZUGES** schauen gleichgültig drein oder gucken gleichgültig fort. Schnellere Züge interessieren nicht sehr.

•

Sauber ausgerichtet stehen die Buchreihen – die Rücken glänzen matt. **SO VIEL WISSEN, SO VIEL MÜHE, SO VIEL LIEBE STECKT DARIN**. Liebe des Autors und Liebe des Lesers. Die Bibliothek der verheirateten Herren wird jeden Morgen gut abgestaubt, die der Junggesellen hier und da gradegerückt – auf alle Fälle ist sie da.

•

Steigt das Angebot, **WIRD DER NACHFRAGENDE FRECH**; das ist immer so.

•

Die **BOURGEOISIE** ist in keinem Lande sehr erfreulich.

•

Der Pessimist. »Ich werde also eines Tages sterben. Natürlich – das kann auch **NUR MIR** passieren!«

•

Der Fachmann, der sein Gebiet betrachtet, gleicht fast immer dem Bewohner eines Gebirgsdörfchens: er hat **VON DER SCHÖNEN AUSSICHT** nicht viel, weil er zu nah auf ihr draufsitzt. Der Fremde sieht mehr.

•

Es ist **EIN BEKANNTER FLUCH DES KAPITALISMUS**, die Bedürfnisse der Welt nach den wirtschaftlichen Forderungen der Liefernden zu regeln. Nicht ob du Zahnbürsten brauchst, ist das Wesentliche, sondern dass es eine Fabrik gibt, die ihre Million Zahnbürsten im Jahr absetzen muss. **UND BIST DU NICHT WILLIG, SO BRAUCHT SIE GEWALT**, von der Reklame bis zum Zoll.

•

Die meisten Leute überlegen sich weitaus sorgfältiger, was für eine Frau sie heimführen, als welche Liste sie für den Reichstag wählen. Die Tolpatschigkeit eines verliebten jungen Bräutigams ist philosophische Ruhe, verglichen **MIT DER UNBEDACHTSAMKEIT**, mit der manche Männer und Frauen an die Urne gehen.

•

Ein Podium ist **EINE UNBARMHERZIGE SACHE** – da steht der Mensch nackter als im Sonnenbad.

•

Wer die **ENGE SEINER HEIMAT** begreifen will, der reise. Wer die **ENGE SEINER ZEIT** ermessen will, studiere Geschichte.

•

Bei uns liegen die Dinge so, dass noch niemand ahnt, was aus der Entwicklung des neuen Berlin herauskommen wird. Nur: dass **ETWAS UNSAGBAR SCHEUSSLICHES** herauskommt, das wissen wir schon.

•

Lassen sie ihn **BEAMTEN** werden. Da trägt er die Verantwortung, aber da hat er keine.

•

DER MENSCH MÖCHTE NICHT GERN STERBEN, WEIL ER NICHT WEISS, **WAS DANN KOMMT**. BILDET ER SICH EIN, ES ZU WISSEN, DANN MÖCHTE ER ES AUCH NICHT GERN; WEIL ER DAS ALTE NOCH EIN WENIG MITMACHEN WILL. **EIN WENIG** HEISST HIER: **EWIG**.

K.T. HASST:
DEN MANN, DER IMMER IN DER BAHN DIE ZEITUNG MITLIEST

Wenn wir einen Menschen, der sich unbeobachtet glaubt, langsam und mühselig-genussvoll in der Nase bohren sehn, so versetzt uns dieser Anblick **IN EINE KRIBBLIGE, EIGEN-TÜMLICHE WUT.** Man möchte ihm auf die Finger hauen, **DIESEM UNERZOGENEN RÜPEL** … nun hör doch schon endlich auf … na, Gott sei Dank! Selber popeln macht fett.

·

Der Mensch hat **ZWEI BEINE UND ZWEI ÜBERZEU-GUNGEN:** eine, wenns ihm gut geht, und eine, wenns ihm schlecht geht. Die letztere heißt Religion.

·

Als **DEUTSCHER TOURIST IM AUSLAND** steht man vor der Frage, ob man sich benehmen muss oder ob schon deutsche Touristen dagewesen sind.

·

Jeder Mensch hat eine Leber, eine Milz, eine Lunge und eine Fahne; **SÄMTLICHE VIER ORGANE SIND LEBENS-WICHTIG.** Es soll Menschen ohne Leber, ohne Milz und mit halber Lunge geben; Menschen ohne Fahne gibt es nicht.

·

WARUM kann einem ein andrer den Hut **NIE RICHTIG** aufsetzen? Immer müssen wir noch mal dran ruckeln.

·

WIR FORDERN DEN GLAUBEN, WEIL WIR ALLE INSTINKTIV WISSEN – FRAUEN WISSEN DAS NOCH BESSER ALS WIR MÄNNER –, DASS **DAS WESEN DES MENSCHEN**, DAS, WAS ER EIGENTLICH IST, DA BEGINNT, WO SEINE REFLEXION AUFHÖRT.

Um sich auf einen Menschen zu verlassen, tut man gut, sich auf ihn zu setzen; man ist dann wenigstens für diese Zeit sicher, **DASS ER NICHT DAVONLÄUFT**. Manche verlassen sich auch auf den Charakter.

•

Ratschlag **FÜR EHRGEIZIGE**. Willst du »richtig liegen«? Dies, mein Sohn, ist die Konjunktur des Tages: pazifistische Terminologie, nationalsozialistischer Inhalt, vorgetragen im Ton **EINES LYRISCHEN UNIVERSITÄTSPROFESSORS**, der noch nicht genau weiß, ob er Soziologie oder Philosophie lesen soll. Dergleichen schließt alle Möglichkeiten in sich, verpflichtet zu gar nichts, und du hast es gleich gesagt. **ANS VATERLAND, ANS TEURE, SCHLIEß DICH AN.** Nicht zu eng – aber schließ dich an.

•

EINE Erde aber wölbt sich unter den törichten Menschen, **EIN** Boden unter ihnen und **EIN** Himmel über ihnen. Die **GRENZEN LAUFEN KREUZ UND QUER** wirr durch Europa. Niemand aber vermag die Menschen auf die Dauer zu scheiden – Grenzen nicht und nicht Soldaten –, wenn die nur nicht wollen.

•

Wenn man einen Menschen **RICHTIG BEURTEILEN** will, so frage man sich immer: »Möchtest du den zum Vorgesetzten haben?«

•

Ich glaube jedem, der die Wahrheit **SUCHT**. Ich glaube keinem, der sie **GEFUNDEN** hat.

•

Dies ist, glaube ich, die **FUNDAMENTALREGEL ALLES SEINS**: »Das Leben ist gar nicht so. Es ist ganz anders.«

•

Das **ÄRGERLICHE AM ÄRGER** ist, dass man sich schadet, ohne anderen zu nutzen.

•

Die Leute blicken immer **SO VERÄCHTLICH AUF VER-GANGENE ZEITEN**, weil die dies und jenes ›noch‹ nicht besaßen, was wir heute besitzen. Aber dabei setzen sie stillschweigend voraus, dass die **NEUERE EPOCHE** alles das habe, was man früher gehabt hat, plus dem Neuen. Das ist ein Denkfehler.

•

Wenn du aufwärts gehst und dich hochaufatmend umsiehst, was du doch für ein Kerl bist, der solche Höhen erklimmen kann, du, ganz allein: **DANN ENTDECKST DU IMMER SPUREN IM SCHNEE.** Es ist schon einer vor dir dagewesen.

•

Lass dir von keinem Fachmann imponieren, der dir erzählt: »Lieber Freund, das mache ich schon **20 JAHRE SO**!« Man kann eine Sache auch **20 JAHRE LANG FALSCH** machen.

•

Was dem einen seine **WEISSE,** ist dem anderen sein **APE-RITIF**, und damit muss man nicht protzen.

•

Du bekommst einen Brief, der dich maßlos erbittert? Beantworte ihn sofort. In der ersten Wut. **UND DAS LASS DREI TAGE LIEGEN.** Und dann schreib deine Antwort noch mal.

•

Wenn die **MASCHINEN**, die die Menschen so im Lauf der Zeit erfunden haben, nun auch noch **FUNKTIONIERTEN**: was wäre das für ein angenehmes Leben!

•

»Schade, dass Sie nicht in der Partei sind – dann könnte man Sie jetzt ausschließen!«

•

Manche Kritiker haben zu Hause **SO SCHRECKLICHE FRAUEN**. Und deshalb haben manche Schauspielerinnen so hohe Gagen.

•

ES IST IN WAHRHEIT **DIE GRÖSSTE SELTENHEIT AUF ERDEN**, DASS EIN MENSCH AUS WAHRHAFT PATHETISCHEN GRÜNDEN ETWAS RECHTES IM GUTEN ODER SCHLIMMEN, NACH DER LICHT- ODER NACH DER SCHATTENSEITE HIN, WIRD ODER ZUSTANDE BRINGT. WIR WERDEN MEISTENS **DURCH KLEINIGKEITEN** ZU HELDEN, NARREN, VERBRECHERN ODER PARAKLETEN GEMACHT.

K. T. HASST:
LÄRM UND GERÄUSCH

Ein Aufsatz über den Lärmschutz ist eigentlich stereotyp: man zitiert **SCHOPENHAUER**, der das Peitschenknallen nicht vertragen konnte, ereifert sich in spaßhafter Übertreibung über heulende **GESANGSJUNGFERN**, bedauert, dass die Stadt der **RANDALIERENDEN JUGEND** keinen Spielplatz baut, und nachdem man dann noch als gewissenhafter Deutscher festgestellt hat, was »Lärm«, »Schutz« und der Lärmschutz insbesondere seien, bleibt alles beim Alten.

Im Übrigen ist der Mensch ein Lebewesen, das klopft, schlechte Musik macht und seinen Hund bellen lässt. **MANCHMAL GIBT ER AUCH RUHE**, aber dann ist er tot.

Der Mensch hat, neben dem Trieb der Fortpflanzung und dem zu essen und zu trinken, zwei Leidenschaften: **KRACH ZU MACHEN UND NICHT ZUZUHÖREN.**

Nähme man den Zeitungen den Fettdruck: um **WIE VIEL STILLER** wäre es in der Welt!

•

MEINE PERSON IST NICHT WICHTIG. MEINE SACHE IST ES SEHR. DIE **FAHNEN-TRÄGER** DER KRIEGER-VEREINE, DENEN ICH SO OFT DEN KAISER-WILHELM-GEDÄCHTNIS-ZYLINDER EINGETRIEBEN HABE, MÖGEN SICH BERUHIGEN. **DER GLAUBE AN DEN DEUTSCHEN OFFIZIER IST DAHIN.** TROTZ EINER PRESSEREKLAME, DIE VERDAMMT NACH ODOL SCHMECKT: AUFDRINGLICH UND GUT BEZAHLT.

Als ich heute vor acht Jahren die Kantstraße in Berlin hinunterging, **RASTEN DIE LEUTE IN PATRIOTISCHER BESOFFENHEIT**. Sie rissen sich Extrablätter aus den Händen, gestikulierten wild, liefen hinter dunkelhäutigen Menschen her, die sie in ihrem Wahnwitz für Spione hielten, und erstarben in Ehrfurcht, wenn irgendeine Uniform monokelblitzend nahte.

·

Denn gerade bei uns, in Deutschland, kann nicht oft genug daran erinnert werden, dass ein bunt gekleideter **UNTEROFFIZIER** – zivilistisch gesehen – nur ein **EHEMALIGER FUHRKNECHT** ist, der peitschenknallend seinen Mist fuhr …

·

Wenn einer zu stumpf ist, je ein ordentliches Buch zu lesen, zu dumpf, sich um Politik zu kümmern: **MUSIK WIRD IN SEINEM HAUS GEMACHT.** (Sie wird gemacht; da ist sie nicht.) – Nichts gegen gute Konzerte, gegen schöne Wanderlieder, rhythmische Lustigkeit – nur nicht dieses kleinbürgerliche: »Meine Tochter muss Klavierstunden haben.« Nein! sie muss nicht. Es ist geradezu fürchterlich, dass man **KEINE DREI HÄUSER WEIT MEHR GEHEN KANN, OHNE DIESER MUSIKPEST ZU BEGEGNEN**, die die Gesunden, Nichtbeteiligten ansteckt, aber die Ausüber leider nicht tötet … Sie tun es nicht, sicher nicht, nur, um ihre Mitmenschen mit der fertigen Leistung zu erfreuen. Es ist eine liebe, **AUFGEBLASENE EITELKEIT,** die uns das Leben, nein, die Wohnung zur Hölle macht. Künstler tun das nicht. Es sind **BOURGEOISE DILETTANTEN,** die sich und die Musik überschätzen. Man sollte sie in ihre Klaviere sperren.

·

Der Mensch ist ein politisches Geschöpf, das am liebsten zu Klumpen geballt sein Leben verbringt. **JEDER KLUMPEN HASST DIE ANDERN KLUMPEN**, weil sie die andern sind, und hasst die eignen, weil sie die eignen sind. Den letzteren Hass nennt man **PATRIOTISMUS**.

·

Der **EIGENE** Hund macht keinen Lärm, **ER BELLT NUR**.

•

Man kann jeden schreibenden Menschen bis ins Mark daran erkennen, wie er das Wort **»ICH«** setzt. Manche sollten es lieber nicht setzen. **HITLER SETZT ES**. »Wenn ich in Deutschland spreche, so strömen mir die Menschen zu …« Der Ton ist vom Kaiser entlehnt, und das Ganze hat etwas Gespenstisches: **DENN DIESES »ICH« IST ÜBERHAUPT NICHT DA**. Den Mann gibt es gar nicht; **ER IST NUR DER LÄRM, DEN ER VERURSACHT**.

•

Merkwürdig, was **DIESELBEN** zweitausend Menschen **ZU GLEICHER ZEIT** sein können: unsre tapfern Krieger; Mob; Volksgenossen; verhetzte Kleinbürger. **WIE** man eine Masse anspricht, **SO** fühlt sie sich.

•

Ich habe auf meinem Wege immer wieder Leute angetroffen – Verleger, Frauen, Journalisten, Kaufleute –, die glauben, **MAN SEI ERLEDIGT, WENN SIE EINEN IGNORIEREN**. Sie können sich nicht vorstellen, dass es auch ohne sie gehe. So tief ist der Mensch davon überzeugt, dass er Wert verleihe, **DASS KEIN WERT AUSSER IHM SEI** und dass er fremdes Dasein auslösche, wenn er nicht mehr an ihm teilnimmt.

•

Früher fragte man, wie eine Medizin **WIRKE**, heute, wie sie **VERPACKT SEI**. Ein Königreich für einen Titel!

•

Wenn einer **NICHTS GELERNT** hat: dann organisiert er. Wenn einer aber **GAR NICHTS GELERNT** und nichts zu tun hat: dann macht er Propaganda.

•

Es gibt **VIELERLEI** Lärme. Aber es gibt nur **EINE** Stille.

•

NIE HAT **INDUSTRIE UND KAPITAL** SO FRECH BEHAUPTET, **KULTUR** ZU SPENDEN, WIE HEUTE; NIE IST IHNEN DAS SO GEGLAUBT WORDEN WIE HEUTE.

K. T. LIEBT:
KNUT HAMSUN

Nichts ist verächtlicher, als wenn **LITERATEN LITERATEN LITERATEN** nennen.

•

Die Basis **EINER GESUNDEN ORDNUNG** ist ein großer Papierkorb.

•

Der Nachempfinder. Da gibt es einen jungen Mann, Waggerl heißt er, der schreibt alle Romane Hamsuns noch einmal. Deswegen halten ihn manche Kritiker für **HAMSUN DEN ZWEITEN**. Das ist nicht ganz richtig: dieser Autor sieht nur in Hamsun **WAGGERL DEN ERSTEN**.

•

Neben der wertvollen Literatur läuft schon von jeher ein schmaler oder auch **BREITER STROM** Druckpapiers, in dem schon viele **JÄMMERLICH ERSOFFEN** sind.

•

Früher sagte ein Kunstwerk etwas über die **GEISTESVER- FASSUNG SEINES SCHÖPFERS**. Heute zeigt es etwas andres an: die **GEISTESVERFASSUNG DES KUNST- KAUFMANNS**, der es vertreibt. Selbe ist nicht immer sehr interessant.

•

Die beste Regie-Anmerkung, die mir bekannt ist, stammt von Curt Goetz. Sie lautet: »Der Darsteller dieser Rolle **HÜTE SICH VOR ÜBERTREIBUNGEN**. Herr Kraft ist seines Zeichens nicht jugendlicher Komiker, sondern Ingenieur!«

•

MIT DEN **MODERNEN DICHTERN** IST ES SO EINE SACHE: WEIL NICHT JEDER **EINZELN DIE WELT UMSPANNEN** KANN, SO HABEN SIE SICH DAS GETEILT; DER EINE BEARBEITET DIE SOZIALE NOT, DER ANDERE DAS VERSCHÜTTETE VENEDIG, UND DER DRITTE PROTESTIERT FEIGE UND GEKRÄNKT ZEIT SEINES LEBENS GEGEN DIE SCHLÜSSELROMANE. JEDER SEINS.

Ich glaube, der Hauptreiz der erotischen Literatur liegt in ihrer Unbekanntheit. **JE WENIGER** einer davon kennt, **DESTO MEHR** ist er hinter diesen Bänden her.

·

Die **MÜHE**, die es macht, der deutschen Sprache ein Chanson – und nun noch gar eins für den Vortrag – abzuringen, ist umgekehrt proportional **ZUR GELTUNG** dieser Dinge.

·

Hätte Goethe **EINE ALTE TANTE** gehabt, sie wäre sicherlich nach Weimar gekommen, um zu sehen, was der Junge macht, hätte ihrem Pompadour etwas Cachou entnommen und wäre schließlich durch und durch beleidigt wieder abgefahren. Goethe hat aber solche Tanten nicht gehabt, sondern seine Ruhe – **UND AUF DIESE WEISE IST DER »FAUST«ENTSTANDEN**. Die Tante hätte ihn übertrieben gefunden.

·

Versuche einen **ROMAN** zu schreiben. Du vermagst es nicht? Dann versuch es mit einem **THEATERSTÜCK**. Du kannst es nicht? Dann mach eine **AUFSTELLUNG DER BÖRSE-BAISSEN** in New York. Versuch, versuch alles. Und wenn es gar nichts geworden ist, dann sag, es sei ein **ESSAY**.

·

Die Aufmerksamkeit des bürgerlichen Zeitungslesers auf soziale und wirtschaftliche Kämpfe hinzulenken, ist fast nur noch möglich, wenn man **MIT EINER DOSIS RANZIGER SENTIMENTALITÄT** aufkocht.

·

Ist es ein Zufall, dass die Vertreter der wildesten Gewaltlehren, Nietzsche, Barrès, Sorel, keine zwanzig Kniebeugen machen konnten? Es dürfte kein Zufall sein.

·

Der Schriftsteller Fülöp-Miller ist **GRÜNDLICH OBER-FLÄCHLICH**.

·

Bert Brecht hat **EINEN SCHÖNEN DREH** gefunden: das kleine Einmaleins in getragenem Sing-Sang vorzulesen, wie wenn es die Upanishaden wären. Banalitäten feierlich aufsagen: das bringt vielen Zulauf.

•

Shaw: So **ERNST,** wie der **HEITER** tut, ist er gar nicht.

•

Der Italiener sieht sich gern **MALERISCH:** er stellt sich vorteilhaft an den Ort. Der deutsche Essayist sieht sich gern **HISTORISCH:** er stellt sich vorteilhaft in die Zeit.

•

Es gibt in der Kunst **EIN UNUMSTÖSSLICHES GESETZ.** Was einer recht auffällig ins Schaufenster legt, das führt er gar nicht; Brecht keine Männlichkeit, Keyserling keine Weisheit und Spengler keine Ewigkeitsperspektiven.

•

Ich werde nun langsam größenwahnsinnig – wenn ich zu lesen bekomme, **WIE ICH DEUTSCHLAND RUINIERT HABE.** Seit zwanzig Jahren aber hat mich immer dasselbe geschmerzt: dass ich auch nicht einen Schutzmann von seinem Posten habe wegbekommen können.

•

SATIRE hat eine **GRENZE NACH OBEN:** Buddha entzieht sich ihr. Satire hat auch **EINE GRENZE NACH UNTEN.** In Deutschland etwa die herrschenden faschistischen Mächte. Es lohnt nicht – **SO TIEF KANN MAN NICHT SCHIESSEN.**

•

Die **ECHTE SATIRE** ist blutreinigend, und wer gesundes Blut hat, der hat auch einen reinen Teint. **WAS DARF DIE SATIRE? ALLES.**

•

Um populär **ZU WERDEN,** kann man seine eigene Meinung behalten. Um populär **ZU BLEIBEN,** weniger.

•

Es gibt so wenig brauchbare Buch-Kritiken, weil jeder Schriftsteller fälschlich annimmt, **ER KÖNNE, WEIL ER SCHRIFTSTELLER IST, AUCH KRITIKEN SCHREIBEN**. Bei den großen Schneidern liegen manchmal Empfehlungen von Schustern und Hemdenmachern herum. So sehn unsre Buchkritiken aus.

•

Ein Berliner Schauspieler hat sich mit sich selbst zusammengeschlossen, **UM ALS KOLLEKTIV AUFZUTRETEN**. Um Tantiemen zu sparen und die ohnehin überflüssigen Autoren abzuschaffen, wird er den Text vom Souffleur beziehn.

•

Das **PUBLIKUM LACHT** über herausgegriffene Worte und Ideenkombinationen, weil es sie in anderem trivialem Zusammenhang gehört hat und sie nun wiedererkennt – und **WIEDERSEHEN MACHT FREUDE.** Und wenn es sich um einen Mord handelt: das Wort »Schwiegermutter« ist allemal eine Quelle unbändigen Vergnügens.

•

KRIMINALROMAN im Bett ist schwer. Ein Bett ist doch keine Eisenbahn!

•

Man sage **IN SEHERISCHEM TONFALL** dummes Zeug, und man wird eines gewissen Erfolges nicht entraten.

•

SPRACHE ist stets Ausdruck einer **GESINNUNG**.

•

Es ist der **GRUNDLEGENDE IRRTUM** aller Dilettanten, der lyrischen Damen, romantisierenden Lehrer und katholischen Familienblattschreiber: dass, **WER ERGRIFFEN SEI, DADURCH SCHON DEN LESER ERGREIFE.** »Aber ich habe es doch mit Gefühl geschrieben!« Ergriffen zu sein, ist eine Voraussetzung – für ein Kunstwerk bedeutet es allein noch gar nichts.

•

Jeder historische Roman vermittelt ein ausgezeichnetes **BILD VON DER EPOCHE** des Verfassers.

•

Wir hätten sollen ... **DAS IST EIN NACHDENKLICHES WORT**. Wenn ich es auf meinem Gedankenklavier, der Schreibmaschine anschlage, klingt es lange nach – **ES IST FAST WIE EIN THEMA**, das mit vielen Variationen gespielt werden kann. Wir hätten sollen ...

•

Das deutsche Lesepublikum scheint mit einem großen Wurstkessel verglichen werden zu dürfen. **OBEN STEHEN DIE KÖCHE** – das sind die Herren Verleger – und schütten und schütten Würste hinein. Wie lange noch, **UND DER KESSEL IST VOLL**.

•

GERHART SHAW UND BERNHARD HAUPTMANN haben beschlossen, zur Verminderung der Reklamespesen ihre nächsten Geburtstage als 150. Geburtstag zusammen zu feiern.

•

Deutsche Unterhaltungslektüre ... das ist **WIE DEUTSCHER WHISKY**, der schrecklichste der Schrecken.

•

Fontane: Er schrieb seine Bücher und arbeitete – er war **EINER DER GEWIEGTESTEN TECHNIKER**, die die deutsche Literatur je gehabt hat, ohne dass man Versen und Sätzen ansieht, wie sie gebosselt sind –, er schrieb und lebte bescheiden daher. Und das **LEBEN AUF DER GROSSEN WELTBÜHNE RAUSCHTE VORBEI**, umbrauste ihn, **UND ER LÄCHELTE**. Wer so lächeln kann!

•

Gut **GESCHRIEBEN** ist gut **GEDACHT**.

•

DER SATIRIKER IST EIN **GEKRÄNK-TER IDEALIST**: ER WILL DIE WELT GUT HABEN, SIE IST SCHLECHT, UND NUN RENNT ER GEGEN DAS SCHLECHTE AN.

K. T. LIEBT:
JEDEN TAPFERN FRIEDENSSOLDATEN

Wer da ahnt, auf welche unermesslichen Schwierigkeiten die **PAZIFISTISCHE KLEINARBEIT** auf dem Lande stößt, der wird dem tapfern Friedenssoldaten Hein Herbers wünschen, dass er etwas sehr Seltenes findet: faire Beamte, die sein Streben nach Wahrheit und Sauberkeit und seinen Kampf für den Frieden so aufnehmen, wie er gemeint ist. **ES GIBT VIELE ARTEN, PAZIFISTISCH TÄTIG ZU SEIN** – und ich will meine Art, unsre Kriegsminister zu beurteilen, keinem aufdrängen. Aber über eines sollte es unter anständigen Menschen nur Einstimmigkeit geben: **DÉSHONORONS LA GUERRE! ENTEHREN WIR DEN KRIEG!**
Ein Pädagoge, der da mithilft, verdient Förderung, aber keine Verfolgung. Lasst euch nicht narren: **MILITARISMUS SEI KEINE RELIGION.** Er ist eine Bestialität.

MEINUNGEN VERPFLICHTEN. Das ist hart und unbequem – aber sauber. Und Presseschreiber, die die **JEWEILS MODERNE MEINUNG** tragen, sind keine Führer des Volkes. Glaubt ihnen nicht.

•

Der Mensch ist ein Wirbeltier und hat eine unsterbliche Seele, **SOWIE AUCH EIN VATERLAND**, damit er nicht zu übermütig wird.

•

Dem geschulten Arbeiter ist heute klar, was dieser Krieg gewesen ist. Er war nicht etwa eine Naturnotwendigkeit, nicht das Aufeinanderprallen zweier Geistesrichtungen, nicht das ›Stahlbad‹ für die Seele eines Volkes. Er war etwas anderes. **DIESER KRIEG WAR DIE NATÜRLICHE FOLGE DES KAPITALISTISCHEN WELTSYSTEMS.**

•

Bebel war ein Kerl. Von oben bis unten in allen Geschäften und Theorien des politischen Lebens erfahren.

•

Ich verkenne nicht die Tragik, die darin liegt, dass ein Mann das zusammenbrechen sieht, was er sein ganzes Leben lang mit den besten Kräften hochgehalten hat. **WIR HABEN KEINE ZEIT, UNS BEI DER TRAGIK AUFZUHALTEN.** Seien Sie überzeugt, dass wir Jungen **ALLES TUN WERDEN**, um den Offizier künftig unmöglich zu machen.

•

Hinaus mit den **PAAR TAUSEND BEAMTEN** aus der Republik, die gegen uns arbeiten! Hinaus mit den **UNZUVER-LÄSSIGEN GENERALEN**! Her mit der Auflösung der nationalen Verbände! Herunter von den Straßen mit allen Monarchisten und schwarzweißroten Tüchern! Walther Rathenau soll **NICHT UMSONST** gefallen sein. Wenn ihr wollt, dann habt ihr an seiner Bahre endlich die Republik!

•

Wir Deutsche zerfallen in drei Klassen: die **UNTERTANEN** – die haben bisher geherrscht; die **GEISTIGEN** – die haben sich bisher beherrschen lassen; die **INDIFFERENTEN** – die haben gar nichts getan und sind an allem Elend schuld.

•

Aber der Frieden ist undankbar und weiß nie, dass er **SEINEN BESTAND NUR DEM KRIEG DANKT**. Das ist nun einmal so, da darf man nicht murren.

•

Ehre dem Andenken Karl Liebknechts, eines der wenigen, die **IM WELTENWAHNSINN DEN KOPF MANNHAFT HOCHGETRAGEN**, ihn nicht unter den Stahlhelm beugten! Ehre dem Andenken aller derer, die mit ihm mit allen Mitteln – auch ungesetzlichen – gegen den Krieg gearbeitet haben! Vielleicht konnte sich keiner wehren, vielleicht gehörte der ganze schwere Fanatismus von Karl Liebknecht und den wenigen anderen dazu, sechsundsechzig Millionen **DIE STIRN ZU BIETEN** und vor seinem Geschrei von wahnsinnig gewordenen Professoren, dekorierten und reklamierten Schriftstellern, Militärs und Granatenlieferanten, kühl und knapp zu sagen: Nein.

•

Die kleinen und die großen Kadetten aber, die die Hausdamen anflegeln, und die, **DIE EIN VOLK BESPEIEN**, wollen wir antreten lassen, fein säuberlich in zwei Gliedern – die dümmsten in der ersten Reihe – und ihnen den Befehl geben: »Weggetreten!«

•

Im Krieg kroch mancherlei ans Licht. Es gab brave Liberale, die so etwas wie eine, entschuldigen Sie, Opposition machten, **SEHR LEISE, SEHR TAKTVOLL, SEHR ABSTRAKT**. Es gab Ängstliche und Leute, die nicht sterben wollten, es gab alles Mögliche. Es gab auch Pazifisten. Und es gab auch die einzige Rosa Luxemburg.

•

So wollen wir kämpfen. Nicht gegen die Herrscher, die es immer geben wird, nicht gegen Menschen, die Verordnungen für andre machen, Lasten den andern aufbürden und Arbeit den andern. **WIR WOLLEN IHNEN DIE ENTZIEHEN, AUF DEREN RÜCKEN SIE TANZTEN,** die, die stumpfsinnig und immer zufrieden das Unheil dieses Landes verschuldet haben, die, die wir den Staub der Heimat von den beblümten Pantoffeln gerne schütteln sähen: **DIE UNTERTANEN!**

•

Kerle wie Mussolini oder der Gefreite Hitler leben nicht so sehr von ihrer eignen Stärke wie von der **CHARAKTER-LOSIGKEIT** ihrer Gegner.

•

Solange Preußen sich einbildet, **SEINE LASTER WÄREN SEINE TUGENDEN,** solange wird es wohl auf dieser Welt nicht recht mitspielen können.

•

Die Irrlehre, dass der Staat die Berechtigung habe, von seinen Angehörigen im Kriegsfalle **ARBEIT UND LEBEN** zu fordern, hat zwei Gegner: die Utilitaristen, die nachweisen, welche **WIRTSCHAFTLICHE SINNLOSIGKEIT** ein Krieg ist, und die idealen und **TATKRÄFTIGEN PAZIFISTEN, DIE NICHT TÖTEN WOLLEN,** weder um diesen lächerlichen Preis noch überhaupt.

•

Nichts ist schwerer und **NICHTS ERFORDERT MEHR CHARAKTER,** als sich in offenem Gegensatz zu seiner Zeit zu befinden und laut zu sagen: Nein!

•

Wohltaten, Mensch, **SIND NICHTS ALS DAMPF.** Hol dir dein Recht im Klassenkampf!

•

Die **STUPIDE ANSCHAUUNG ERNST JÜNGERS,** Kampf sei das Primäre, das Eigentliche, wofür allein zu leben sich verlohne, steht auf ähnlichem Niveau wie die eines falschen Friedensfreundes, der jeden Kampf verabscheut und für Kamillentee optiert. **WEDER** ewiger Kampf ist erstrebenswert **NOCH** ewige Friedfertigkeit. **NUR KRIEG ... DAS IST EINE DER DÜMMSTEN FORMEN DES KAMPFES,** weil er von einer recht unvollkommenen Institution und für sie geführt wird.

•

ICH MAG MICH NICHT GERN MIT DER KIRCHE AUS-EINANDERSETZEN; **ES HAT JA KEINEN SINN**, MIT EINER ANSCHAUUNGS-WEISE ZU DISKU-TIEREN, DIE SICH STRAFRECHTLICH HAT SCHÜTZEN LASSEN.

K.T. LIEBT:
SCHÖN GESPITZTE
BLEISTIFTE

Der **GROBE-UNFUG-PARAGRAPH** gehört hier nicht her, weil seine fortwährende Anwendung unter ihn selbst fällt.

•

Die Psychose-Welle der Jahre 1914 bis 1918 hat die erschreckendsten Wirkungen auf **DIE SCHREIBENDEN ZEITGENOSSEN** hervorgebracht. Die gradezu unglaubliche Leichtfertigkeit, mit der die Gebildeten Deutschlands fast sämtlich die Heeresberichte aus Papier **FÜR BARE MÜNZE NAHMEN,** hatte das Bild des Normaldeutschen völlig gewandelt: die gewohnte philologische Sorgfalt und die wenigstens von den anständigen Historikern stets angestrebte Objektivität war einer Verblendung gewichen, die sich am ehesten noch mit dem **SEELENZUSTAND DURCHGEHENDER PFERDE** vergleichen lässt.

•

Die Pressestelle **HAT ZWEIERLEI AUFGABEN:** einmal macht sie den Zeitungen und damit der zu täuschenden Öffentlichkeit die Notwendigkeit der Dienststelle klar, der sie angegliedert ist. Die Pressestelle hat zweitens die Aufgabe, etwaige Fehlgriffe der Dienststelle – also ungefähr die Hälfte ihrer Tätigkeit – **VOR DER ÖFFENTLICHKEIT ZU BESCHÖNIGEN**, zu bemänteln oder abzuleugnen.

•

Du musst über einen Menschen nichts Böses **SAGEN**. Du kannst es **IHM ANTUN** – das nimmt er nicht so übel. Aber sage es ihm nicht. **ER IST IN ERSTER LINIE EITEL**, und dann erst schmerzempfindlich.

•

Sie pochen alle auf eine Unabhängigkeit des Richterstandes, die nicht da ist: **DENN KEIN MENSCH WANDELT IN DER LUFT**, sondern ist im Fühlen, Denken und Meinen **PRODUKT SEINER KLASSE**. Dieser da in jeder Beziehung einer höchst mittleren Klasse.

•

Und die ganz widerliche Berliner Manier, am Anfang der Wintersaison der Einwohnerschaft drei, vier Gassenlieder aufzuoktroyieren, die sie zu singen, zu pfeifen, zu leiern, zu trommeln haben, greift über auf das Reich: das Niederwald-denkmal streckt segnend seine Hand aus über die grölenden Opfer fetter Operettenagenten, über ein Volk, das keine lustigen Musikpossen, keine kleinen Spielopern, keine Operchen, keine Operetten mehr hat, sondern nur noch Grammophon-walzen, **MUSIKALISCHE APFELSTRUDEL**, »Schlager«, und das von Eros und den drei Grazien und den neun Musen nichts mehr wissen will, weil Dreizehn eine Unglückszahl ist.

•

Die Psychologie, wie wir sie in den meisten, also schlechten Filmen sehn, **IST DURCHAUS NICHT SO WELTFREMD**, wie man denken sollte. Sie kehrt in vielen **URTEILSBEGRÜN-DUNGEN** der Strafkammern wieder.

•

Die Zensur **IST DER SCHUTZ** der Wenigen gegen die Vielen.

•

Das Christentum braucht nur ein Jahrtausend in seiner Geschichte zurückzublättern: **IM ANFANG WAR ES WOHL DIE GÜTE**, die diese Religion hat gebären helfen – zur Macht gebracht hat sie die Gewalt.

•

DER MENSCH GÖNNT
SEINER GATTUNG
NICHTS, DAHER HAT
ER DIE **GESETZE** ER-
FUNDEN. **ER DARF
NICHT**, ALSO SOLLEN
DIE ANDERN AUCH
NICHT.

Als Gott am sechsten Schöpfungstage alles ansah, was er gemacht hatte, war zwar alles gut, aber dafür war auch **DIE FAMILIE NOCH NICHT DA.** Der verfrühte Optimismus rächte sich, und die Sehnsucht des Menschengeschlechtes nach dem Paradiese ist hauptsächlich als der glühende Wunsch aufzufassen, einmal, **NUR EIN EINZIGES MAL FRIEDLICH OHNE FAMILIE DAHINLEBEN** zu dürfen.

•

Es gibt Leute, die wollen lieber **EINEN STEHPLATZ** in der ersten Klasse als **EINEN SITZPLATZ** in der dritten. Es sind keine sympathischen Leute.

•

Eine republikanische Propaganda gibt es schon deshalb nicht, weil es in den entscheidenden Stellen nur wenig Republikaner gibt. Der Beamtenkörper, **VÖLLIG SELBSTZWECK GEWORDEN,** erkennt keinesfalls den imaginären Auftraggeber »Staat« an, für den und durch den erst Beamte sind; der Beamtenkörper ergänzt sich vielmehr durch Kooptation, und seine Kohäsion ist so groß, dass er jeden missliebigen Eindringling sofort ausscheidet. Meist nimmt er ihn aber gar nicht erst auf. **SIE SIND SICH EINIG.** Die Republik kann sehen, wo sie inzwischen bleibt.

•

Wenn der Mensch **»LOCH«** hört, bekommt er Assoziationen: manche denken an **ZÜNDLOCH**, manche an **KNOPFLOCH** und manche an **GOEBBELS**.

•

»Arzt sein heißt: **DER STÄRKERE** sein«, hat Schweninger gesagt. Krankenkassen-Patient sein heißt: **DER SCHWÄCHERE** sein.

•

Universitätsprofessor ist **EIN BERUF, KEINE ANREDE.** Sanitätsrat ist nur **EINE ANREDE UND KEIN BERUF.** Korvettenkapitän sei **KEINES VON BEIDEN.**

•

Das **MALHEUR** ist nicht, dass die Leute Zeitungen lesen. Das Malheur ist, dass sie meist nur **EINE** Zeitung lesen. Ihr Blatt. Das Blatt.

•

Es ist auch nicht üblich, darauf hinzuweisen, dass früher jemand **DAS GEGENTEIL** von dem geschrieben, gesagt, gelebt habe, was er heute ... »Na, dann macht ers eben jetzt so! Ändert sich das Wetter nicht auch?« Es ändert sich. **HIER IST DAS GANZE JAHR APRIL.**

•

Berliner Geschäfte kommen nicht **DURCH** ihre Unternehmer, sondern **TROTZ** ihrer Unternehmer zustande.

•

Wenn wir so weitermachen, dann gleichen wir jenen **GROSS-MÜTTERN**, die hinter jedem radfahrenden Mädel her kopfnickten: **»ZU MEINER ZEIT ...!«** Ja, du lieber Gott – es war nicht mehr »ihre Zeit« – das Mädel klingelte fröhlich mit der Radfahrklingel und hatte Hosen an, Großmama fiel in Ohnmacht, das Rad schwirrte schon in weiter Ferne, Großmama wachte wieder auf ... **UND ALLES GING WEITER.** Zu ihrer Zeit ...

•

Gegen einen sozialistischen Schulrat in Berlin liefen sie alle Sturm, weil ihm irgendwelche Papiere fehlten, die eine Prüfung mit durchschwitztem Frack anzeigten – aber **DASS DREISSIG JAHRE LANG EIN COMMIS KAISER GEWESEN**, und dass die Vorbildung der meisten Minister von der Bureaugewandtheit ihrer Geheimen Expedierenden Sekretäre übertroffen wird, stört eine Nation nicht, die allemal den **GRAD ÜBER DAS HERZ**, die Formelexamina über die innere Beziehung setzt, und die, wo es sich um den Kopf handelt, ingrimmig auf die Hämorrhoiden starrt.

•

DAS BERLINER SCHLOSS KANN VON DER REGIERUNG DESHALB NICHT BEZOGEN WERDEN, **WEIL DER ALTE MONARCHISTISCHE GEIST DARIN WOHNT**, UND WEIL DIESE REGIERUNG ANGST VOR IHM HAT. NACHTS WEHT DER GEIST DURCH DIE ÖDEN KORRIDORE. UND TAGSÜBER? **TAGSÜBER REGIERT ER.**

Die Presse wäre viel weniger unausstehlich, wenn sie sich nicht **SO GRAUSLICH WICHTIG** nähme. Korrupt ist die Presse, die den niedrigsten und schmierigsten Instinkten ihrer Leser so weit entgegenkommt, dass sie ihre **HUNDE AUF DIE JAGD SCHICKT**. Und sogar die Etymologie wirds bestätigen: der Hauptbestandteil eines Erpressers ist die Presse.

●

Der **VORTEIL DER KLUGHEIT** besteht darin, dass man sich dumm stellen kann. Das **GEGENTEIL** ist schon schwieriger.

●

Alte Zeitungen sind **SPASSIG**. Wie kommts, dass man bald **TRAURIG** wird, wenn man sie liest?
Weil man sieht, wie schlecht sie ihre Aufgaben erfüllt haben. Weil man sieht, wie wenig Voraussicht sie hatten, wie sie die Welt nicht kannten, wie sie es nicht einmal fertigbrachten, gute Nachrichtenblätter zu sein, die Bewohner der Erde **OBJEKTIV UND ZUVERLÄSSIG** voneinander zu unterrichten.

●

Nachrichten wollen die Zeitungen, **NACHRICHTEN WOLLEN SIE ALLE**. Die Wahrheit will keine.

●

Fang nie mit dem Anfang an, sondern immer **DREI MEILEN** vor dem Anfang!

●

Alles ist richtig, **AUCH DAS GEGENTEIL**. Nur: »Zwar ... aber« – das ist nie richtig.

●

Ich wünschte, unsere geistigen Führer beschäftigten sich ehrlich und innerlich mehr mit der Jugend, und zwar nicht nur mit der Jugend, die ihre Zeit beschreibt, sondern mit der, die sie lebt. Dann, aber nur dann, **WÄREN ES MENSCHEN DER ZEIT**. Und nicht das, was uns so oft über den Weg klabastert: Affen der Zeit.

●

Die **ENGLÄNDER** werden mit ihren Arbeitslosen nicht fertig; die **FRANZOSEN** quälen ihre Strafgefangenen, die männlichen in Guayana und die weiblichen in Rennes, dass es einen Hund jammern kann; die **JUGOSLAWEN** quetschen missliebigen Politikern die Fingernägel ab, die **UNGARN** den ihren die Hoden, und die **RUMÄNEN** befassen sich liebevoll mit den gefangenen Frauen – alle, **ALLE ABER SIND SICH DARIN EINIG, DASS DAS SOWJETSYSTEM EIN VERROTTETES SYSTEM SEI**. So verschieden ist es im menschlichen Leben!

•

Das Christentum ist **EINE GEWALTIGE MACHT**. Dass zum Beispiel protestantische Missionare aus Asien unbekehrt wieder nach Hause kommen – das ist eine **GROßE** Leistung.

•

Wer in einem **BLÜHENDEN FRAUENKÖRPER** das Skelett zu sehen vermag, ist ein Philosoph.

•

Das Kapital beginnt heute **DAS SCHLIMMSTE** zu tun, was es gibt: es kauft sich – nicht die Köpfe, die kann man nicht kaufen, – aber die Mäuler.

•

Der Herausgeber schickt mir eine Wurst, **EINGEWICKELT IN ALTE ZEITUNGEN**, die – wie die Wurst – noch aus dem vorigen Frieden stammen. Und während ich die Wurstzipfel träumerisch in der Stube verstreue, denke ich nach.

•

Der Erfinder Gustav Papenstrumpf aus Niederschöneweide hat einen Apparat erfunden, der **DIE GESAMTE TÄTIGKEIT** des IV. Reichsgerichtssenats automatisch verrichtet. Von seiner Einführung ist jedoch abgesehen worden; der IV. Senat macht das genauso gut wie ein Automat.

•

Wenn einer sein Amt übernimmt, dann betont er zunächst einmal emphatisch, dass er es gar nicht hat haben wollen. **ER OPFERT SICH**, sozusagen. Es wird ein bisschen viel geopfert bei uns …

•

Es gab eine Kommissfrömmigkeit, von der vor allem die Pfaffen befallen wurden, und obgleich nach unserem guten alten Dogma Religion **PRIVATSACHE** ist, muss doch gesagt werden, dass es kaum etwas Widerwärtigeres gab, als die maßlose Dummheit (zur Verlogenheit langte es kaum), mit der die Priester aller drei Konfessionen ihre Bibeln **SO LANGE DREHTEN UND WENDETEN**, bis unten der Spruch herausfiel: »Du sollst töten.«

•

TOLERANZ ist der Verdacht, dass der andere Recht hat.

•

Der **TROCKNE PEDANT** hat gewöhnlich ein **IDEAL**: den falschen Abenteurer.

•

Ein **SKEPTISCHER** Katholik ist mir lieber als ein **GLÄUBIGER** Atheist.

•

Ein Buch »menschlich« zu nennen, **BESAGT GAR NICHTS** – es gibt böse Menschen und gute, und die meisten sind Gemischtwaren.

•

Nichts nimmt eine **WELTANSCHAUUNG** so übel, wie wenn man sie mit einer andern erklären will. Der Marxist will nicht psychoanalysiert werden; der Psychoanalytiker will nicht marxistisch begrenzt werden; jeder will mit seiner Lehre den Schlüssel zum A und O in der Hand haben.

•

ERWARTE NICHTS. Heute: das ist dein Leben.

•

Die Katholiken sitzen vor ihrer Hütte. Ein Heide geht vorbei und pfeift sich eins. Die Katholiken tuscheln: »Der wird sich schön wundern, wenn er mal stirbt!« Sie klopfen sich auf den **BAUCH IHRER FRÖMMIGKEIT**, denn sie haben einen Fahrschein, der Heide aber hat keinen, **UND ER WEISS ES NICHT EINMAL**. Wie hochmütig kann Demut sein!

•

Wir benehmen uns aus **GRÜNDEN DES GESCHMACKS** in den Kirchen anständig – man kann nicht sagen, dass sich die Katholiken in den **BEZIRKEN DES GEISTES** ebenso anständig benehmen.

•

Und **DAS DING** möchte ich einmal sehen, das die Kirche **NICHT** segnete, wenn sich das für sie lohnt.

•

Man fällt nicht über seine **FEHLER**, man fällt immer über seine **FEINDE**, die diese Fehler ausnutzen.

•

Er war **EITEL** wie ein Chirurg, **RECHTHABERISCH** wie ein Jurist und **GUTMÜTIG** wie ein Scharfrichter nach der Hinrichtung.

•

Dumme und Gescheite unterscheiden sich dadurch, dass der **DUMME** immer dieselben Fehler macht und der **GESCHEITE** immer neue.

•

Erfahrungen vererben sich nicht – jeder muss sie **ALLEIN** machen.

•

IN NEUNUNDNEUNZIG VON HUNDERT FÄLLEN **LOHNT** ES SICH NICHT, EIN DING AUFZUBEWAHREN. ES NIMMT NUR RAUM FORT, **BELASTET** DICH; HAST DU SCHON GEMERKT, DASS DU NICHT DIE **SACHEN BESITZT**, SONDERN DASS SIE DICH BESITZEN?

K. T. LIEBT:
KAMPF

Wehe der Jugend, die nicht einmal in ihren Jahren **UMSTÜRZLERISCH GESINNT** ist.

•

Der Mensch ist **EIN PFLANZEN- UND FLEISCHFRESSENDES WESEN**; auf Nordpolfahrten frisst er hier und da auch Exemplare seiner eigenen Gattung; doch wird das durch den Faschismus wieder ausgeglichen.

•

Ein **SIEG IN DER GROSSSTÄDTISCHEN ZEITUNG** ist keiner. Der Feind muss auf seinem Felde aufgesucht, angegriffen, geschlagen werden.

•

Der Deutsche **BEJAHT DIE UNIFORM**. Schaudernd besah er sich die Fotografien aus dem Ruhrgebiet: Arbeiter mit Waffen! Arbeiter militärisch organisiert! Ihn **SCHRECKT NICHT SO SEHR DIE WAFFE** wie die Tatsache, dass ihm da die Leitung nicht grün ist.

•

Heul nicht – die Sache **IST VIEL ZU ERNST** zum Weinen!

•

Revolution versöhnt nicht. Es ist ein Unding, **POLITISCHE GEGNER FLAU UND MAU ANS HERZ ZU DRÜCKEN**, um sie gut zu stimmen. Wir bekämpfen sie.

•

DIE KLEINEN KÖNIGE – UND NOCH MEHR DIE KLEINEN KÖNIGIN- NEN – MÜSSEN HE- RUNTER VON IHREN THRONEN. JEDER DEUTSCHE SOLLTE WISSEN UND FÜHLEN, DASS ER – PERSÖN- LICH – **FREI IST**. IHR WERDET SEHEN: ES GEHT VIEL, VIEL BES- SER OHNE SIE; OHNE DIE KLEINEN KÖNIGE. IN TIRANNOS!

Die Militaristen irren. Es ist gar **NICHT DIE AUFGABE DER PAZIFISTEN, SIE ZU ÜBERZEUGEN** – sie sollen vielmehr in einem Kampf, der kein Krieg ist, besiegt, nämlich daran gehindert werden, über fremdes, ihnen nicht gehöriges Leben zu verfügen. **MAN MACHE SIE UNSCHÄDLICH; EINZUSEHEN BRAUCHEN SIE GAR NICHTS.** Ich bin für militaristischen Pazifismus.

•

Menschen miteinander gibt es nicht. Es gibt nur Menschen, die herrschen, und solche, die beherrscht werden. Doch hat noch niemand sich selber beherrscht; weil der **OPPONIE-RENDE SKLAVE** immer mächtiger ist als der **REGIERUNGS-SÜCHTIGE HERR**. Jeder Mensch ist sich selber unterlegen.

•

Haltet zusammen! Ihr seid die junge Republik! Ihr der junge Sozialismus! Fallt Euren Eltern nicht in den Rücken und schändet das Gedächtnis Eurer Vorfahren nicht, indem Ihr ins bürgerliche Fahrwasser abschwenkt. Dass Ihr heute wenigstens ungehindert durch die Straßen ziehen könnt, das habt Ihr der **JAHRZEHNTELANGEN ARBEIT DER ALTEN SOZIALISTISCHEN FÜHRER** zu danken. Ehrt sie durch die Tat!

•

Lehre? – **NIE WIEDER KRIEG.** Mittel? – Den Heeresdienst auch dann zu verweigern, wenn ihn ein Gesetz vorschreibt. Beginn des Kampfes gegen den Kampf? – Heute.

•

Der Angestellte hat keine marxistische Erkenntnis; er ist nur persönlich beleidigt. Ein **DENKENDER ARBEITER SIEHT IN SEINEM SCHICKSAL DAS SCHICKSAL SEINER KLASSE**; ein Angestellter sieht im andern nur den Konkur-renten. Im Augenblick, wo er selber eine Zulage oder gar die Handelsvollmacht bekommt, ist die Frage des Klassen-kampfes für ihn entschieden.

•

Der Pazifist hat jedoch in seinem **KAMPF GEGEN DEN KRIEG** recht, weil er es ablehnt, über das Leben andrer Menschen zu verfügen.

•

Der Kampf gilt der verrotteten Anschauung, dass man das Selbstgefühl des Deutschen nur stärken könne, wenn man ihm die Erlaubnis gibt, **ANDRE DEUTSCHE ZU TRETEN** – dass man ihn darin bestärkt, seine Arbeit nur dann zu tun, wenn er die Möglichkeit hat, sich und seinen Dienst sinnlos überschätzen zu lassen und durch Überbetonung seiner Existenz andern Leuten, Landsleuten, Schwierigkeiten zu machen.

•

Der Klassenkampf ist notwendig. Aber **DAS PARADIES AUF ERDEN** – das wird er uns nicht bringen. Der Mensch ist **NICHT SO BÖSE**, wie man manchmal denken sollte. Aber er wird **NIE SO GUT** werden, wie Idealisten sich das denken. Gelingt es den Russen, das tiefste Niveau der Gesellschaftsmitglieder zu heben, so ist das schon sehr viel. Ich bejahe den Klassenkampf. Ich sehe in ihm keine verkappte Religion.

•

Wenn ein Kommunist arm ist, dann sagen die Leute, **ER SEI NEIDISCH**. Gehört er dem mittleren Bürgertum an, dann sagen die Leute, **ER SEI EIN IDIOT**, denn er handele gegen seine eignen Interessen. Ist er aber reich, dann sagen sie, seine Lebensführung **STEHE NICHT MIT SEINEN PRINZIPIEN IM EINKLANG**. Worauf denn zu fragen wäre: Wann darf man eigentlich Kommunist sein?

•

ES IST AN UNS, nicht nur für unsere eigene Person jeden Kriegsdienst zu verweigern. **ES IST AN UNS**, durch Erziehung der Jugend auch unseren Kindern jenen dreimal verfluchten **PREUSSISCHEN GEIST AUSZUTREIBEN**, der so viel Unglück angerichtet hat in der Welt.

•

EINE DER SCHAUER-
LICHSTEN FOLGEN
DER ARBEITSLOSIG-
KEIT IST WOHL DIE,
DASS **ARBEIT ALS
GNADE** VERGEBEN
WIRD. ES IST WIE IM
KRIEGE: WER DIE
BUTTER HAT, WIRD
FRECH.

Ich resigniere. Ich kämpfe weiter, aber ich resigniere. **WIR STEHEN HIER FAST GANZ ALLEIN IN DEUTSCH-LAND** – fast ganz allein. Denn was sollen wir mit Parteien, was mit Publizisten anfangen, die in den wichtigsten Punkten eine reservatio machen und sagen: »Ja – aber ...« Und wir sagen: **NEIN.** Fest steht: die Mörder der deutschen Radikalen sind bis jetzt straflos ausgegangen.

•

Wenn es in jedem Lande eine Schicht Männer gibt, deren sexuelles, seelisches und ökonomisches Bedürfnis die Schaffung von Armeen verlangt, so soll uns das gleich sein. Es liegt aber keine Veranlassung vor, diese Männer anders ernst zu nehmen, als sie **LACHEND ZU BEKÄMPFEN**.

•

Das Ding liegt so: **DA STEHT DER MILITARISMUS, DA STEHEN WIR.** Und weil die Welt nicht in Staaten, wohl aber in Fortstrebende und Zurückzerrende zerfällt, müsst ihr beiseite gehen, in voller Uniform, in Feldbinde, Ordensschmuck und Helm. Und was die Toten rufen, ruft unser Herz: Écrasez l'infâme!

•

Was uns fehlt, ist **EINE REVOLUTION**. Die Gegenrevolution haben wir. Wird unser Volk so viel Kraft haben, diese träge, an ihren alten Vorteilen und Vorurteilen klebende **MINDERHEIT WEGZUFEGEN** und die stickige Atmosphäre wahrhaft zu reinigen?

•

Arbeiter stehen **IM KLASSENKAMPF**, Angestellte stehen **IM GEZÄNK** der Kasten.

•

Militarismus und Pazifismus sind **ZWEI GEISTESVERFAS-SUNGEN** – eine Brücke gibt es nicht.

•

Ich schmähe die Kirche nicht, ich schmähe ihre Diener nicht. Beschränkt ihr euch **AUF DAS GEISTIGE GEBIET**, so sei Diskussion zwischen uns, Debatte und Gedankenaustausch. Macht ihr reaktionäre Politik –, auch dann ist die Sauberkeit eurer Überzeugung und die Heiligkeit einer Sache zu ehren, die andern nicht heilig ist. **DANN ABER SEI ZWISCHEN UNS KAMPF.** Der Sieg wird nicht bei euch sein – sondern bei den Werktätigen der ganzen Welt.

•

Die deutsche Revolution steht noch aus. Bereiten wir sie gegen all jene Parteien vor, **DIE EIN WIRTSCHAFTLICHES ODER IDEOLOGISCHES INTERESSE HABEN, SIE ZU VERHINDERN** – die Gefährlicheren unter ihnen sind die, die so tun als ob –, und die unter alten Flaggen neue, aber verfaulte Ware verkaufen: überaltert, fett, feige, verlogen und seelisch korrupt.

•

In unsern Herzen sind **SPUREN** eingekratzt, die nicht vergehen. Und jedesmal, wenn ich an der Kriegsakademie mit ihrem braunen Granit und den weißen Flecken vorbeikomme, sage ich mir im Stillen: Versprich es dir. Lege ein Gelöbnis ab. Wirke. Arbeite. Sags den Leuten. **BEFREIE SIE VON DEM NATIONALWAHN**, du mit deinen kleinen Kräften. Du bist es den Toten schuldig. Die Flecke schreien. Hörst du sie? Sie rufen: Nie wieder Krieg!

•

Der **UNBEDINGTEN SOLIDARITÄT ALLER GELDVERDIENER** muss die ebenso **UNBEDINGTE SOLIDARITÄT DER GEISTIGEN** gegenüberstehen. Es geht nicht an, dass man feixenden Bürgern **DAS SCHAUSPIEL EINES KAMPFES** liefert, aus dem sie nur und ausschließlich heraushören: dürfen wir weiter schachern, oder dürfen wir es nicht? Dürfen wir weiter in Cliquen und Klüngeln schieben, oder dürfen wir es nicht?

•

Wir halten den **KRIEG DER NATIONALSTAATEN** für ein Verbrechen, und **WIR BEKÄMPFEN IHN**, wo wir können, wann wir können, mit welchen Mitteln wir können. Wir sind Landesverräter. Aber wir verraten einen Staat, den wir verneinen, zugunsten eines Landes, das wir lieben, für den Frieden und für unser wirkliches Vaterland: Europa.

•

Kaufen, was einem die **KARTELLE** vorwerfen; lesen, was einem die **ZENSOREN** erlauben; glauben, was einem **KIRCHE UND PARTEI** gebieten. Beinkleider werden zur Zeit mittelweit getragen. Freiheit gar nicht.

•

Die **SPRACHE** ist eine **WAFFE**, haltet sie scharf!

•

Es ist immer schön, wenn **DER SCHWÄCHERE** der Stärkere ist.

•

Nichts ist so abscheulich wie der **»UNPOLITISCHE« MENSCH**. Er tut nämlich immer, als gäbe es ihn, und so schafft er unpolitische Generalanzeiger, unpolitische Magazine, unpolitische Filme, **UNPOLITISCHE PARTEIEN**.

•

Verärgerte Bürgerliche sind noch **KEINE REVOLUTIONÄRE**.

•

Eine Regierung ist nicht der Ausdruck des **VOLKSWILLENS**, sondern der Ausdruck dessen, was **EIN VOLK ERTRÄGT**.

•

Früher wehte ein kräftiger Wind, und **WENN EINER KÄMPFEN WOLLTE**, so wurde ihm das nur vom Gegner übel genommen.

•

DOCH SOLLTE MAN MIT JE-
NER **TIEFEN UNEHRLICH-
KEIT** AUFHÖREN, JEDER
REGIERUNG VORZUWER-
FEN, SIE SEI EINE PARTEI-
REGIERUNG. NATÜRLICH IST
SIE DAS, UND DAS SOLL SIE
AUCH SEIN. DASS ABER IN
DEUTSCHLAND DER BE-
GRIFF ›PARTEI‹ BIS AUF DAS
RINNSTEIN-NIVEAU GE-
SUNKEN IST, DAS IST EINE
ANDRE SACHE, UND HIER
SOLLTE MAN ZUPACKEN.
DER REST IST HEUCHELEI.

K. T. LIEBT:
DIE HAARFARBE DER FRAU, DIE ER GERADE LIEBT

Liebe ist, wenn sie dir die Krümel aus dem Bett macht.

•

Der Mensch zerfällt in zwei Teile:
In einen männlichen, **DER NICHT DENKEN WILL,** und in einen weiblichen, **DER NICHT DENKEN KANN.** Beide haben sogenannte Gefühle; man ruft diese am sichersten dadurch hervor, dass man gewisse Nervenpunkte des Organismus in Funktion setzt. In diesen Fällen sondern manche Menschen Lyrik ab.

•

Von der Verliebtheit.
Von ihr nichts zu bekommen, **IST IMMER NOCH HÜBSCHER**, als mit einer andern zu schlafen.

•

So, wie schwarzhaarige Frauen, wenn sie einmal in Paris sind, dem Zauber des Wortes »Paris« erliegen und **SICH SO BENEHMEN, WIE SIE ES ZU HAUSE NIEMALS TÄTEN,** so kippten hier die blonden Damen aus den Pantinen; der Rhein, Vater Rhein, der deutsche Rhein klingelte in den Gläsern, und es war ziemlich scheußlich anzusehn.

•

DER KERL **VERSTEHT NICHTS VON FRAUEN**. DEN FEINEN DAMEN BIETET ER GELD AN, UND AUF DIE HUREN MACHT ER GEDICHTE. UND DAMIT HAT ER AUCH NOCH **ERFOLG**!

Ich sah sie an, und **SIE GAB MIR DEN BLICK ZURÜCK**: wir fassten uns mit den Augen bei den Händen.

•

ES IST SCHÖN, mit jemand schweigen zu können.

•

Bitter, wenn sie einen **LIEBHABER** gehabt hat, der mit Vornamen so heißt wie du.

•

Das Christentum hat viel Gutes auf Erden bewirkt. Doch wird dies tausendfach **DURCH DAS SCHLIMME ÜBER-BOTEN**, das die christliche Idee mit der Vergiftung des Liebeslebens angerichtet hat.

•

Über den Bodensee der Sexualität kommt man nur, wenn er zugefroren ist **UND DER REITER NICHT WEIß**, dass das Feld eigentlich eine Eisdecke ist.

•

Mit dem nackten Körper stets den Begriff der Erotik verbinden: **DAS IST UNGEFÄHR SO INTELLIGENT, WIE BEIM MUND STETS AN ESSEN ZU DENKEN.** Mit dem Mund isst man nicht nur; man spricht auch mit dem Mund. Durch die nackte Haut atmet man.

•

Der **SCHÖNSTE AUGENBLICK** am Tag ist doch der, wo man morgens unter der Brause hervorkriecht und das Wasser von einem abtropft. Was dann noch kommt, taugt eigentlich nicht mehr viel.

•

Gib mir deine Hand. **ICH WILL SIE DIR SEHR LANGE UND ERNSTHAFT KÜSSEN**, gar nicht so, wie man sonst in Berlin jemandem die Hand küsst – innerlich widerstrebend oder für den Fotografen. Ganz, ganz anders.

•

Eine Katze, die eine Maus tötet, ist grausam. Ein Wilder, der seinen Feind auffrisst, ist grausam. Aber das **GRAUSAMSTE VON ALLEN LEBEWESEN** ist eine patriotische Frau.

•

Man sagt immer, Frauen seien so **UNLOGISCH**. Das ist gar nicht wahr. Die einzig wirklich logischen Wesen, die es gibt, sind die Frauen – sie sind so ernst. Sie haben freilich **EINE IHNEN EIGENE LOGIK** – aber sie nehmen alles ernst, sogar den Mann.

•

Der Mensch wird auf natürlichem Wege hergestellt, doch empfindet er dies als unnatürlich **UND SPRICHT NICHT GERN DAVON**. Er wird gemacht, hingegen nicht gefragt, ob er auch gemacht werden wolle.

•

Da habe ich eine Braut, die schreibt mir alle Jahre einen langen Brief; sie ist längst anderweit verheiratet, wir sehen uns nur sporadisch, und so ist es denn ein großes Glück. Die Briefe sind, glaube ich, sehr zärtlich; ich weiß es nicht, denn ich kann sie nicht lesen. Aber ich beantworte sie immer, **DAS IST LIEBE**, und es muss auch stimmen, was ich schreibe, denn die Braut findet alles ganz in der Ordnung, **DAS IST WAHRE LIEBE**.

•

Uhren, an denen sich Liebespaare verabreden, **GEHEN IMMER FALSCH**.

•

IN DEN ROTEN SAMTFOTÖLCHEN schwimmen ungeheure Fettmassen; vorne oben schimmert matt etwas, das man allenfalls Gesicht nennen kann. Wenn sich diese Frauen je aufschnüren, ist das ganze Schlafzimmer voll. Um Specknacken liegen dicke Perlenketten geschlungen und spotten der Steuer. Die Haare der Damen sind wie von Wertheim-Puppen: aus Werg und Wolle.

•

Sie ließ sich beizeiten von ihm scheiden, weil er Witze um die entscheidende Nuance **ZU LANGSAM** erzählte.

•

Freundinnen, wir streichen euch über das Gesicht und sind blind und murmeln: »Agda – du hast viel Herz!« Aber Agda hat gar kein Herz, sondern nur eine runde Brust, und das ist schließlich auch etwas wert. **WIR ABER GLAUBEN AN IHR HERZ** und sind sehr glücklich.

•

Voller Freude bringen die illustrierten Zeitungen nebeneinander Bilder von der Modenschau aus dem Jahre 1908 und von heute – **DIE VON HEUTE IST UM EINE SPUR HÄSSLICHER.** Mit solchen Kleidern steigen sie in die Autos. Damit sind sie dem Manne ebenbürtig. Damit laufen sie herum. Wie groß muss ihre Freude an der Verkleidung sein, dass junge Mädchen und solche, die es wieder werden wollen, in diesen Kissenbezügen einherwallen!

•

Dass die **BÜRGERFRAU** der mittlern Provinzstadt **EINEN TÖDLICHEN HASS** gegen unverheiratete Frauen hat, die dennoch einen Mann gefunden haben, ist bekannt.

•

Die Berlinerin ist sachlich und klar. **AUCH IN DER LIEBE.** Geheimnisse hat sie nicht. Sie ist ein braves, liebes Mädel, das der galante Ortsliederdichter gern und viel feiert.

•

Was ist das Besondere an Kopenhagen? Die schönen Frauen? Die haben bestimmt nicht auf Herrn Panter gewartet, der ihnen mitteilt, dass sie schön sind. Sie sind genauso, wie sich die Germanen eine Französin vorstellen, die wiederum viel hausbackener ist als ihr Ruf. **DIE DÄNIN IST REIZEND KONSEQUENT INKONSEQUENT.** Ihre Treue reicht sogar zur gleichen Zeit für mehrere aus.

•

Aufgabe des Menschen ist es, in einem heiteren Lebensgenuss, der in **»LEBEN UND LEBEN LASSEN«** ausklingt, wunschlos glücklich zu sein.

•

Tausendundvier Augen **LOCKEN MICH**, tausendunddrei, die eine junge Dame hatte ein Glasauge; ich sah keine, ich beachtete keine.

•

Er trug sein **HERZ IN DER HAND**, und er ruhte nicht, bis sie ihm aus der Hand fraß.

•

Paris, **DAS IST KEINE STADT**, das ist ein Traum.

•

Entwirf deinen Reiseplan im Großen – und lass dich im Einzelnen von der bunten Stunde treiben. Die **GRÖSSTE SEHENS-WÜRDIGKEIT**, die es gibt, ist die Welt – sieh sie dir an.

•

Frau und Mann sind **NIEMALS FREI**.
Stets ist ein **GEFÜHL** dabei.

•

In der Ehe pflegt gewöhnlich **EINER DER DUMME** zu sein. Nur wenn **ZWEI DUMME** heiraten – das kann mitunter gut gehen.

•

Die Frauen haben es ja von Zeit zu Zeit auch nicht leicht. **WIR MÄNNER ABER** müssen uns rasieren.

•

Die Ehe war zum jrößten Teile
vabrühte Milch un Langeweile.
Und darum wird beim **HAPPY END**
im Film jewöhnlich abjeblendt.

•

Muss denn immer gleich **VON LIEBE** die Rede sein? –
Ja.

•

DAS LIEBESPAAR, DAS SICH, VONEINANDER ENTFERNT, VERAB-REDET, UM HALB ELF UHR ABENDS ANEI-NANDER ZU DENKEN. **KEINER TUTS.** ABER JEDER FREUT SICH: WIE VERLIEBT DER ANDRE DOCH SEI.

K. T. LIEBT/HASST:
DEUTSCHLAND

Der Deutsche fährt nicht wie andere Menschen. Er fährt, **UM RECHT ZU HABEN**. Dem Polizisten gegenüber; dem Fußgänger gegenüber, der es übrigens ebenso treibt – und vor allem dem fahrenden Nachbar gegenüber.
Aber er ist auch so schon ganz hübsch, der deutsche Verkehr. Man fährt am besten um ihn herum.

•

Die Zahl der deutschen **KRIEGERDENKMÄLER** zur Zahl der deutschen **HEINE-DENKMÄLER** verhält sich hierzulande wie die Macht zum Geist.

•

Andre **NATIONEN** machen das so: Was sie besonders gut herstellen, das exportieren sie, und was ihnen fehlt, das importieren sie. Wenn den **DEUTSCHEN** etwas fehlt, dann machen sie es nach.

•

Wegen ungünstiger Witterung fand **DIE DEUTSCHE REVOLUTION** in der Musik statt.

•

Es wird mir vorgeworfen, ich schmähte mein eignes Land. **DAS IST NICHT MEIN LAND.** Das ist nicht unser Deutschland, in dem diese Köpfe, diese Hirne herrschen durften.

•

Die Deutschen haben zwar nicht das Pulver **ERFUNDEN**, wohl aber die Philosophie des Pulvers.

•

Schon einmal hat ein Franzose für Deutschland **DAS SCHLECHTE GEWOLLT** und **DAS GUTE GESCHAFFT**: es hat keinen größeren Feind des deutschen bundesstaatlichen Imperialismus gegeben als Napoleon und keinen wirksameren als ihn. Er glich einer Hure, die die Tochter der Wirtin deshalb anständig zu leben veranlasste, weil sie keine Konkurrenz haben wollte – die **GESINNUNG** war nicht schön, aber die **WIRKUNG** war gut.

•

Muss man in Deutschland als kommunistischer Unabhängiger **VERSCHRIEEN SEIN**, weil man leidenschaftslos und kühl-objektiv die Wahrheit sagt?

•

Im Gebirge tobt Bayern – an der See feiert Ostpreußen – in der Mitte herrscht die Republik: Unter den Linden. **SIE VERKENNT IHRE ZEIT.** Sie weiß nicht, dass die großen Massenerlebnisse heute nur noch von der Kirche und von den nationalistischen Radaupolitikern geboten werden. Und der Deutsche braucht seiner ganzen Natur nach diese Massenballungen – er war von je ein Massenmensch, trotz und gerade wegen seiner starken **EIGENBRÖTELEI**. Die tiefe Sehnsucht einsamer und still arbeitender Menschen nach diesem Massenrausch, die benutzen – die andern.

•

Die Deutschen sind stets ein **GRUPPENVOLK** gewesen; wer an diesen ihren tiefsten Instinkt appelliert, siegt immer. Uniformen; Kommandos; Antreten; Bewegung in Kolonnen … da sind sie ganz.

•

Wir Deutschen sind ein gar **ERNSTHAFTES** Volk.

•

Wir sind schlimmer als Amerika: sie beten den **DOLLAR** an – wir den **MANN**, der ihn hat.

•

Der **DEUTSCHE POLITISCHE MORD** der letzten vier Jahre ist schematisch und straff organisiert. Die Broschüre: »Wie werde ich in acht Tagen ein perfekter nationaler Mörder?« sollte nicht auf sich warten lassen. Alles steht von vornherein fest: Anstiftung durch unbekannte Geldgeber, die Tat (stets von hinten), schludrige Untersuchung, faule Ausreden, ein paar Phrasen, jämmerliches Kneifertum, milde Strafen, Strafaufschub, Vergünstigungen – »Weitermachen!« Es ist hier dasselbe wie überall da, wo Verwaltungsbehörden in unmittelbare Berührung mit dem Publikum kommen. **JEDER KLEINE BEZIRKSBEAMTE IST EIN FÜRST** (unter den Hämorrhoiden), und der tapfere Mann bindet nur mit dem an, der ihn braucht.

·

WENNS GUT GEHT, wirft sich der Unternehmer in die Brust; sein Verdienst beruht auf seinem Verdienst, und weil er das Risiko getragen hat, will er auch den Hauptanteil des Gewinnes für sich.
WENNS SCHIEF GEHT, sind die Umstände daran schuld. Dann muss der Staat einspringen und das Defizit decken, denn Kohlengruben, Stahlwerke und die Landwirtschaft dürfen nicht Not leiden. Und sie leiden auch keine Not, weil sie notleidend sind. Auf alle Fälle aber kann der Unternehmer nichts dafür, er trägt die Verantwortung, und wir tragen ihn.

·

In Deutschland gab es zwei Sorten von Menschen: **HERREN UND KERLS**. Die eine Sorte hatte **PFLICHTEN**, und die andere hatte **RECHTE**. Die eine hatte es bequem, und die andere übel. Die eine nahm Bildung, gute Umgangsformen und alle äußeren Vorteile für sich in Anspruch, die andere mochte sehen, wie sie auskam.

·

DIE PROVINZ, WO SIE AM DICKSTEN IST, LEBT VON DER **ABNEIGUNG GEGEN BERLIN** UND VON SEINER HEIMLICHEN BEWUNDERUNG. SIE SCHIMPFEN AUF BERLIN, SOWEIT ES POLITISCH IST – UND SIE SEHNEN SICH NACH BERLIN, SOWEIT ES SICH UM DAS BERLIN HANDELT, DAS WIR BERLINER GAR NICHT SO SEHR SCHÄTZEN: UM DAS ZWISCHEN ZEHN UND ZWÖLF UHR.

Die Republik steht uns höher als die **ZUSAMMENGEHÖ-RIGKEIT** mit Bayern!

•

Jede Organisation, jede Kollektivität – auch die geistige – in Deutschland ist jederzeit bereit, **UM DER FORMALIEN WILLEN DIE MATERIE ZU VERGESSEN**. Sie lähmen einander, weil jeder zu sagen haben will. Arbeite in diesem Land, und es fallen dir drei in den Arm, die dir zeigen, wie dus anders machen musst – aber keiner, der dich unterstützt.

•

Manchmal haben wir in Deutschland eine sogenannte »politische Krise«. **WENN SIE VOR WEIHNACHTEN AUS-BRICHT, WIRD SIE BIS NACH WEIHNACHTEN VER-TAGT**. Kein Mensch merkt in der Zwischenzeit, dass es eine Krise gibt. Man denke sich einen Fieberkranken, der zu seinem Arzt sagt: »Wissen Sie was, Doktor, morgen habe ich Geburtstag. **VERTAGEN WIR DIE KRISE** bis zur nächsten Woche!«

•

Draußen, auf dem Land, und in den kleinen, größern und großen Provinzstädten, ist der Bürger von einer **VERBLÜF-FENDEN INTOLERANZ**.

•

Die deutschen Städte wissen nicht mehr viel voneinander. **JEDE LIEGT DA, HÄLT SICH FÜR DEN MITTELPUNKT DES LANDES UND IGNORIERT ALLE ÜBRIGEN**. Und das kam so: Die Nation, nach dem Kriege von einem unendlichen Ruhebedürfnis beseelt, packte sich in Watte und kapselte sich ein. **NIE WAREN DIE DEUTSCHEN PARTI-KULARISTISCHER ALS HEUTE**, und niemals wurde der »Landfremde« mit so viel Misstrauen angesehen. »Landfremd« – das ist der Dortmunder dem Nürnberger, dem er die ängstlich gehütete Wohnmöglichkeit kürzt, und »landfremd« ist der Berliner dem Bremer. Noch nie waren die Kirchtürme so hoch wie heute.

•

In Deutschland sollten Gummistempel verkauft werden mit der Aufschrift: »Obgleich **VOM PARTEISTANDPUNKT** manches dagegen einzuwenden wäre.«

•

Vor einem Schalter stehen: das ist das deutsche **SCHICKSAL**. Hinter dem Schalter sitzen: das ist das deutsche **IDEAL**.

•

UND DAS IST GANZ UND GAR DEUTSCH-NATIONAL:
Überfälle auf Waffenlose (hat man schon je gehört, dass sie sich offen, in sauberm Kampfe, an Leute herantrauten, die ihnen gewachsen sind?) – Schüsse aus dem Dunkel – Schläge von hinten – Weglaufen – Leugnen – Verstecken – telefonische Schimpfkanonaden, die nicht einmal witzig sind – abhängen – weg. Mannhafte Untertanen eines mannhaften Deserteurs.

•

Die Deutschen sind noch lange nicht dazu erzogen, miteinander zu arbeiten. **SIE KÖNNEN NUR WIRKEN, WENN MAN SIE EINEN ÜBER DEN ANDERN STELLT.** Das kommt uns zum Halse heraus. Zusammenarbeiten! ist die Losung, nicht: Unterstellen!

•

Es gibt zwei Deutschland. Nicht: ein weißes und ein schwarzes – ein rosenrotes und ein tiefdunkeles. Sondern: ein **ZURÜCK-GEBLIEBENES**, minderwertiges – und ein **ENTWICK-LUNGSFÄHIGES**, ein zukunftsreiches.

•

Es ist eine gute Gelegenheit, einmal auf die maßlose Verlogenheit des deutschen öffentlichen Lebens hinzuweisen. Bei uns **VERLANGEN DIE LEUTE VON IHREN POLITISCHEN GEGNERN**, die im öffentlichen Leben stehen – und nur von ihren Gegnern – eine Lebensführung aus dem Bilderbuch.

•

Die Nazis terrorisieren viele kleine und manche Mittelstädte, und zwar tun sie das mit der Miene von Leuten, die ungeheuer viel riskieren; sie machen immer ein Gesicht, als seien sie und ihre Umzüge wer weiß wie illegal. Sie sind aber durchaus legal, geduldet, offiziös. **UND HIER BEGINNT DIE SCHULD DER REPUBLIK**: eine Blutschuld.

•

Wenn die Deutschen den Nordpol erreicht hätten, sie hätten auf die Spitze der Erdachse eine Tafel befestigt: »Das Betreten des Pols ist nur nach **EINGEHOLTER GENEHMIGUNG** durch die Etappen-Kommandantur Nord II gestattet. Die Mannschaften haben bei einer Temperatur von dreißig Grad abwärts umgeschnallt zu erscheinen.«

•

Es ist ein Unglück, dass die SPD **SOZIALDEMOKRATI-SCHE PARTEI DEUTSCHLANDS** heißt. Hieße sie seit dem August 1914 **REFORMISTISCHE PARTEI** oder **PARTEI DES KLEINERN ÜBELS** oder **HIER KÖNNEN FAMILIEN KAFFEE KOCHEN** oder so etwas –, vielen Arbeitern hätte der neue Name die Augen geöffnet, und sie wären dahinge-gangen, wohin sie gehören: zu einer Arbeiterpartei. So aber macht der Laden seine schlechten Geschäfte unter einem ehemals guten Namen.

•

Eine neue Opposition war im Werden! Und die **NEUE OPPO-SITION** zog gegen die **ALTE OPPOSITION** zu Felde und nannte sich – in Klammern – »Neue Opposition«. Und die neue Opposition zeugte einen linken Flügel der neuen Opposition; und der linke Flügel zeugte einen radikalen Flügel, und der Radikale zeugte Melchisedek, und Melchisedek zeugte Jero-beam, und Jerobeam ... zum Schluss war **DER DEUTSCHE IDEALZUSTAND** erreicht: Jeder Mann seine eigene Partei.

•

Deutschland ist eine **ANATOMISCHE MERKWÜRDIG-KEIT**. Es schreibt mit der Linken und tut mit der Rechten.

•

Wenn du Sonntag nachmittags in einem Park auf das grüne Gras gehst, obgleich eine Tafel mit dem deutschesten Wort davor steht: **VERBOTEN!** –, dann stellt dich bestimmt irgendein Aufseher, ein Schupomann, ein Kriminalbetriebsassistent, kurz: ein von dir bezahlter Beamter, und du glaubst gar nicht, wie schnell du dein Strafmandat in der Tasche hast. Vorladungsfristen, Zahlungsfristen – es geht bei der großen Menge ähnlich wichtiger Geschäfte ziemlich rasch.

•

Da oben steht **JUSTITIA**. Starr hält sie die Waage in der Hand, ihr Schwert glitzert in der Sonne, und eine ehemals weiß gewesene Binde ist ihr stramm um den Kopf gebunden. Tritt näher heran. Tipp die Figur mit dem Finger an, schlage mit dem Knöchel dagegen: **SIE IST HOHL.** Befühle das Schwert: es ist bronzierte Pappe. Die Waage fällt klirrend zu Boden, die ehemals weiß gewesene Binde löst sich, da glänzt ein Monokel auf, gerötete Schmisse durchziehen eine feiste Backe, und vor deinen erstaunten Augen taucht ein dir so bekanntes Antlitz auf, eines, das du hundertmal im Kasino und in den Landratsstuben gesehen hast: das preußische Gesicht.

•

Ich bin kein Kommunist, **ABER MAN KÖNNTE EINER WERDEN**, wenn man den geistigen Zustand der europäischen Bourgeoisie betrachtet.

•

Die Republik wird entweder anders sein als heute, **ODER SIE WIRD NICHT SEIN**. Die Minimaltemperatur, bei der sie grade noch leben kann, ist erreicht.

•

Noch nie ist in Europa der Gegensatz zwischen **OBEN UND UNTEN** so hart und scharf gewesen wie heute. Man geht sich aus dem Wege. Man ist sich nicht grün. Man verachtet sich. Ja, es soll vorkommen: dass man sich hasst.

●

Reformiert wird bei uns im Salon: im Reich. Und da, wo es am nötigsten wäre, **BLEIBT ALLES BEIM ALTEN.** Reformen, die nur am Haupt geschehen und nicht an den Gliedern, taugen nichts. Denn gerade die kleineren und kleinsten Gruppen eines Staatskörpers sind die wichtigsten: die Länder, die Kreise, die Dörfer und die Familie. Berlin hisst Schwarz-Rot-Gold. **KRÄHWINKEL WEISS NICHTS DAVON.** Und so viel kann das Reich auf allen Gebieten gar nicht gutmachen, wie die Länder sabotieren.

●

Wie **DIE DEUTSCHEN JEDE SPONTANE REGUNG SOFORT KODIFIZIEREN,** weil sie gegen nichts solche Abneigung haben wie gegen die unliebsamen Überraschungen, die das Leben nun einmal jedem vorbehält, so haben sie auch die ihnen eigentlich fremde Form der Straßendemonstrationen zu einer beschaulichen Herren-Partie gemacht.

●

WENN DAS BERLIN IST: Radikalismus in Militärfragen, Unbedingtheit gegen den Stahl- und Kohlen-Patriotismus; Hass gegen Verblödung durch die Pfarrer Mumm und Pfarrer Heuss; Sabotage der Vorbereitungen zum nächsten Schlachten durch Kriegsminister Geßler, Judikatur und Schule, wenn das alles »Berlin« ist –, dann sind wir und unsre Freunde im ganzen Reich, in Hagen und an der Wasserkante, in der Mark und im sächsischen Industriebezirk, dann sind wir für diese Stadt, in der immerhin Bewegung ist und Kraft und pulsierendes rotes Blut. Für Berlin.

●

Nun ist eines in Deutschland ganz merkwürdig: kein Politiker verschwindet hier. **SIE SIND IMMER ALLE NOCH DA.** Einer begeht die schwersten Fehler, man hat seine liebe Not, den Mann von seinem Posten zu entfernen, schließlich rutscht er ab … aber keiner denkt daran, ihm ein Vertrauen zu entziehen, das er doch gar nicht mehr verdient. Nun ist der Militär nicht vom Himmel heruntergefallen. Er ist nichts als eine überall vorkommende Art des Menschengeschlechts, in Deutschland durch Geschichte und Tradition nur übermäßig gezüchtet, weil einem gewissen Typus des Deutschen in vielem entgegenkommend.

•

Wenn der Deutsche hinfällt, steht er nicht auf, sondern **SIEHT SICH UM,** wer ihm schadensersatzpflichtig ist.

•

Überschrift eines demokratischen Leitartikels: **JEIN!**

•

Die **BOURGEOISIE** ist in keinem Lande sehr erfreulich. Der Nationalcharakter kann ihre **SPEZIFISCHEN EIGEN-SCHAFTEN** mildern oder noch mehr ans Licht treten lassen.

•

Das Volk **VERSTEHT** das meiste falsch; aber es **FÜHLT** das meiste richtig.

•

Was aber machte der Mann, **DER AUS DEUTSCHLAND STAMMTE**, zuallererst? Er machte sich wichtig.

•

… sie gingen zum **HEILIGSTEN**, wo der Deutsche hat, zur Arbeit.

•

Politik kann man in diesem Lande definieren als **DIE DURCH-SETZUNG WIRTSCHAFTLICHER ZWECKE** mit Hilfe der Gesetzgebung. Die Politik war bei uns **EINE SACHE DES SITZFLEISCHES**, nicht des Geistes.

•

WIR GEHEN NICHT DEN **WEG DES FRIE-DENS**. WAS SICH JETZT, **HINTER DEN KULIS-SEN**, ZU VERBRÜDERN BEABSICHTIGT, SIND LEIDER NICHT DIE BESTEN TEILE DER VÖLKER – ES SIND IHRE SCHLECHTEN: **INDUSTRIE-RAFFER UND DIE MILITÄRS**.

MEHR ZUM MITNEHMEN

jeweils 10,5 x 15,5 cm Broschur, je 7,- €

REVOLUTIONÄRE ZITATE
VON ROSA LUXEMBURG
96 Seiten
ISBN 978-3-355-01839-5

UNSCHLAGBARE ZITATE
VON KARL MARX
96 Seiten
ISBN 978-3-355-01838-8

NÜTZLICHE ZITATE VON
W.I. LENIN
112 Seiten
ISBN 978-3-355-01842-5

TEXTQUELLE:

KURT TUCHOLSKY, GESAMMELTE WERKE IN 10 BÄNDEN. HRSG. VON MARY
GEROLD-TUCHOLSKY UND FRITZ J. RADDATZ. REINBEK 1975

MIX
Papier aus verantwor-
tungsvollen Quellen
FSC® C014496

ISBN 978-3-355-01857-9

© 2017 VERLAG NEUES LEBEN, BERLIN
UMSCHLAG UND KONZEPT: BUCHGUT, BERLIN
DRUCK UND BINDUNG: GGP MEDIA GMBH, PÖSSNECK

DIE BÜCHER DES VERLAGS NEUES LEBEN
ERSCHEINEN IN DER EULENSPIEGEL VERLAGSGRUPPE.

WWW.EULENSPIEGEL.COM